U0855839

MONTESSORI
EARLY EDUCATION GAMES IN FAMILY

蒙台梭利早教在家庭

0~6岁
儿童感觉能力训练

蒙台梭利丛书编委会◎编译

中国妇女出版社

图书在版编目（CIP）数据

0～6岁儿童感觉能力训练 / 蒙台梭利丛书编委会编译. -- 北京：中国妇女出版社, 2018.1
（蒙台梭利早教在家庭）
ISBN 978-7-5127-1543-1

Ⅰ. ①0… Ⅱ. ①蒙… Ⅲ. ①感觉—能力培养—学前教育—教学参考资料 Ⅳ. ①G613

中国版本图书馆CIP数据核字（2017）第275629号

0～6岁儿童感觉能力训练

作　　者： 蒙台梭利丛书编委会　编译
插画作者： 眯宝儿卡通
图片提供： 123RF.com.cn
责任编辑： 宋　文
封面设计： 尚世视觉
责任印制： 王卫东
出版发行： 中国妇女出版社
地　　址： 北京市东城区史家胡同甲24号　　邮政编码：100010
电　　话：（010）65133160（发行部）　　65133161（邮购）
网　　址： www.womenbooks.cn
法律顾问： 北京天达共和律师事务所
经　　销： 各地新华书店
印　　刷： 北京中科印刷有限公司
开　　本： 170×235　1/16
印　　张： 12
字　　数： 100千字
版　　次： 2018年1月第1版
印　　次： 2018年1月第1次
书　　号： ISBN 978-7-5127-1543-1
定　　价： 39.80元

PREFACE

前 言

玛丽亚·蒙台梭利，意大利第一位女医学博士，20世纪享誉全世界的杰出幼儿教育家。她在实验、观察和研究的基础上，创办了“儿童之家”蒙台梭利学校，给世界教育带来具有变革意义的蒙氏幼儿早期教育法，并迅速风靡了整个西方世界，对欧美国家的教育和社会发展有着深刻的影响。她提出了儿童发展敏感期、有吸收力的心灵、儿童在“工作”中成长等一系列对今天的早期教育仍然影响深远的理论。

蒙台梭利认为，儿童都是渴望游戏的，因为游戏是他们认识世界的途径。如果儿童的全部精神力量都专注于功课，他们的生活就会变得枯燥乏味。儿童应该学习知识，但首先应该有多方面的兴趣、要求和愿望。儿童有一种与生俱来的“内在生命力”，而教育只是为了促进儿童“内在潜能”的发挥。因此，成人不能压制儿童的发展，更不能干涉他们的自由行动，而要顺应儿童的天性，让其在游戏中成长。

到目前为止，蒙台梭利的著作被翻译成30多种文字，蒙台梭利学校遍及110多个国家和地区。在中国，以蒙氏教育为基础创立的早期教育机构和幼儿园，受到越来越多父母和儿童的喜爱与信赖。

为了传播蒙台梭利早教理念，帮助家长抓住孩子珍贵的敏感期，全面开发孩子的潜能，我们策划出版了这套“蒙台梭利早教在家庭”系列丛书。本套书包括优秀性格、感觉能力、语言能力、数学能力四个主题的游戏训练，所有游戏都源自蒙氏原著，并结合当下儿童成长的环境和实际需要进行了适当调整，可以说是为中国儿童量身打造的蒙氏早教游戏训练，以期让父母与孩子轻松体验蒙氏教育的奇妙。

READING GUIDE

阅读指导

感觉能力训练是蒙氏教育的重要组成部分。《0～6岁儿童感觉能力训练》将蒙氏早教中的感觉教育法用有趣、生动的游戏形式表现出来，训练孩子的视觉、听觉、触觉、嗅觉和味觉，帮助孩子全方位提高感觉能力，激发内在生命力。

另外，对于本套书的使用，有如下几点提请父母注意：

1 本套书将游戏的难度按照孩子的一般发育情况进行了标注，但0～6岁的孩子个体差异较大，相同年龄段的孩子可能会有不同表现。一般情况下，家长不用为孩子不能很好地完成某个训练而过分担心。

2 不要让孩子一个人完成这些训练。父母可以根据“听一听蒙台梭利怎么说”中的指导有侧重地引导孩子，并根据孩子完成游戏训练的情况选择是否进行“游戏拓展”部分的练习。在练习的过程中，务必关注孩子的动态，保证孩子的安全。

3 本套书的训练目的在于提高孩子的综合能力，为进入学校学习打下夯实基础，4个主题互为补充，可以有效促进孩子全面发展。

目录
CONTENTS

Part 01

眼睛 看看缤纷的世界

Part 02

耳朵 倾听世界的声音

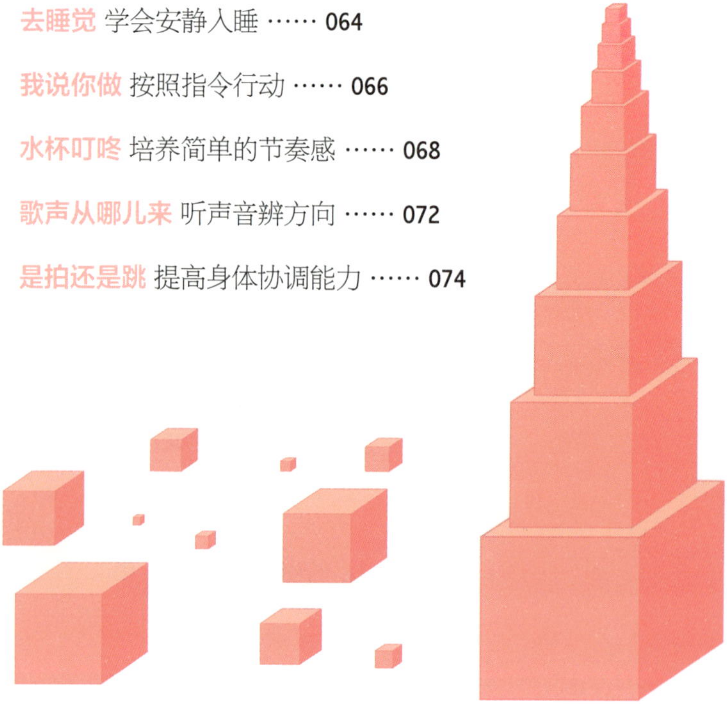

Part 03

肌肤 触摸真实的世界

Part 04

鼻子 嗅出世界的气味

Part 05

嘴巴 品尝世界的味道

PART 01

眼睛

看看缤纷的世界

MONTESSORI
EARLY EDUCATION
GAMES IN FAMILY

听一听
蒙台梭利怎么说

儿童的婴儿期（出生后第1年）可以分为几个阶段。对每一个阶段，我们都应该给予特别的重视。第一个阶段的时间非常短暂，就是婴儿出生时。简单地说，在婴儿期我们应该遵循4条基本原则：

第一，婴儿应该与母亲尽可能多地交流、接触。

第二，胎儿在母体中的环境是安静、黑暗、恒温的。在婴儿刚出生的几天，他们所处的环境在温度、光线和噪声方面不要与出生前有太大的差异。现在，很多医院经常把母亲和婴儿单独放在一个有窗户的房间里，里面的温度受到严格控制，并会逐步调整到与外界相同的温度。房间窗户的玻璃是蓝色的，因此，光线也非常柔和。

第三，抚摸和挪动婴儿也应该遵循严格的规定。我们对待婴儿不要像对待一件没有知觉的物品一样。我们不要突然将婴儿放进水中洗澡，否则会使婴儿受到过大的刺激；我们也不能不考虑婴儿的感受，速度过快地给他们穿衣服。我们应该把他们放在一个没有杂物、足够温暖的房间里。

第四，抱起婴儿的方式也有所改变。我们抱起婴儿的动作要很轻柔，不要突然抱起或放下婴儿，否则会使他们受到伤害。

我们这样做不仅是从健康方面考虑的。在这个阶段，我们仍应将母亲和婴儿视为一个可以相互交流的整体。我们应该根据自然的规律去帮助儿童适应世界。因为在母亲和孩子之间存在一条特殊的纽带，母亲能够给孩子一种无形的力量，帮助孩子适应外部的环境。

我们可以说，刚刚降生的婴儿只不过是改变了自己与母体之间的位置，来到了母亲的体外而已，在其他方面他们没有任何变化，彼此之间仍然进行着交流。我们现在所认为的这种母亲与婴儿的关系，已与数年前的观点完全不同。那时候，即使是顶尖医院里最好的医生，也认为婴儿在出生后就与母亲完全分离了。

上面的内容被视为照顾婴儿的基本定律，但实践证明这些特别的方法并不适用于整个婴儿期。度过这一阶段后，母亲和婴儿就可以摆脱这种隔离状态，融入社会中。

新生儿要面对的社会问题与成人不同。社会不平等对新生儿造成的影响完全不同于其对成人造成的影响。“成人越富有越好，儿童越贫穷越好”，这种说法其实并非毫无道理。除了各种花哨的服装、社会的风俗习惯以及亲朋好友的看望外，那些富有家庭的妈妈为求安逸，经常把孩子交给保姆照顾；而贫穷家庭的妈妈却会遵循自然规律把孩子放在自己身边，亲自照顾。我们从一些小的方面可以看到，很多成人看重的东西其实很可能会对儿童起反作用。

第一阶段过去之后，婴儿就可以毫不费力地适应环境了。他们已经迈上了独立之路，并向周围环境敞开了怀抱，尽情地从周围环境中汲取养分。

走上独立之路后，婴儿最初进行的一些活动是运用他们的感觉器官实现的，我们可以称为“征服行动”。因为婴儿的骨骼这时还没有完全发育成熟，他们还无法灵活地支配自己的身体。他们只有大脑在活动，在不停地利用感觉器官观察周围的环境。

婴儿的眼睛是明亮而充满渴望的。最近，科学已经证明，婴儿的眼睛不只对光线敏感，而且具有接收信息的能力。他们会不停地用眼睛去寻找各种各样的信息。

如果对动物的眼睛进行解剖，我们会发现：动物的眼睛与人类的完全一样，都是一个与相机相似的视觉器官，但是动物的眼睛受天性的影响，使用范围非常有限。它们的眼睛可能只对某些事物有敏感性，而不会对周围环境中的所有事物都敏感。它们的视觉仅能满足某一方面的需求，其视觉能力受这些需求的制约。

这种影响从出生起就出现了。动物感觉器官的发展与完善都遵循这个规律。猫的眼睛与所有夜间捕食的动物一样，适合夜间活动。但是，它们的眼睛只对移动的物体敏感，对静止的物体则视而不见。它们在夜间一旦发现有物体移动，就会立即扑上去，而对静止的东西则毫不在意。也就是说，猫的眼睛不是对环境中的所有东西都敏感，而是只对其中的一部分东西感兴趣。同样，一些昆虫也只对某一种特定颜色的花感兴趣，因为这种颜色的花常常提示食物所在。刚刚破茧而出的幼虫一般都没有方向感，它们只能凭借本能，通过眼睛辨别方向。动物的行为往往受感官控制，而人却并不是完全机械地受感官操控的。感觉器官为其所在的机体服务，而机体所进行的活动则要遵循一定的规律。

婴儿的感觉器官所遵循的规律与动物的不同。猫只关注周围环境中的移动物体，而婴儿则没有这种限制。他们观察视线范围内的所有东西，获取经验，进行吸收和学习。另外，婴儿也不是机械地进行观察。他们观察到的事物会让他们产生某种心理反应，也会对他们的人格产生重要的影响。

抛开科学论断，我们仍然可以肯定地说：如果一个人的生活只受欲望摆布，他的心理就会出现这样或那样的缺陷。这个人的行为所遵循的规律可能还存在，可是这种规律的影响力却小得多了。而这些都可能导致这个人成为一个感官的牺牲品，行事机械、迷惘。

我们必须清醒地认识到，让儿童遵循规律发展是最重要的事情。对这一点，我们应该予以重视。

感觉训练对孩子的成长起着极为重要的作用，感觉体验会使孩子变得非常灵巧。因此，在蒙氏教学中，感觉训练处于至关重要的位置。每一位父母都应该明白，要想让孩子适应生活，就必须加强他的感觉训练，让孩子可以敏锐地感知周围的环境。在训练孩子感觉能力方面，我们采取了教具教学的方法，希望孩子在使用教具的同时结合自己的感觉，能自发地产生反应。

为了训练孩子们的感觉能力，我专门设计了一些教具。这些教具引起了孩子们浓厚的兴趣，他们不断练习，甚至不需要老师的指导或示范就能独自操作。在一遍遍的练习中，他们学会了如何正确操作这些教具。

在这些教具中，有一套是专门用来教孩子们分辨薄与厚的：它由10个棕色的四棱柱组成，每个四棱柱的长度是一样的，但是薄厚逐渐递减。当这些四棱柱按照薄厚度逐次排列时，非常像一段阶梯，因此，我们有时候也叫它“棕色梯”。即使没有老师的指导，孩子们也能够在排列这些四棱柱的时候发现自己的错误，因为一旦没有按照正确的顺序排列，这些四棱柱就无法形成一段规整的阶梯，这一点是非常明显的。孩子们正是通过这种方式来辨别薄厚，并学会自我纠错的。

还有一套木棒教具，深受孩子们的喜爱，能够帮助他们辨别长与短，是训练视觉时常用的教具。这套教具由10根木棒组成，每根木棒的宽为3厘米，长度逐次增加，每根相邻的木棒长度相差10厘米。最短的一根木棒长10厘米，最长的一根长1米。我在最初设计这套教具的时候，在木棒上每隔10厘米的地方做一个标记，这些标记由蓝色和红色的线交错构成。后来，我在改良这套教具的时候省略了这些标记线，这样一来，更加提高了孩子们辨别长短的能力。

另外，有一套非常漂亮的粉红色正方体教具。它由10个大小不等的正方体构成，最小的一个棱长为1厘米，最大的一个棱长为10厘米，按照大小顺序堆叠起来会形成一座玫瑰色的塔。2岁半的孩子对这个游戏最为热衷，他们喜欢将塔慢慢堆好，然后推倒，接着重新堆好再推倒。如此往复，玩得非常开心。如果让“儿童之家”中3岁的孩子和普通学校中6~7岁的孩子来一场堆塔比赛，那么“儿童之家”的孩子不仅用时短，而且正确率也高，这就是视觉训练的显著效果。

在视觉训练中，颜色练习是非常重要的。通过长期观察研究，我设计了一套教学用具。这套教具是由一些小而平的木板组成的，每块木板上缠着颜色各异的丝绸或毛线，有黑色、红色、黄色、绿色等8种不同的颜色，每种颜色还分为8种深浅不一的色调。这套教具一共由64块不同颜色的木板所组成。为了方便孩子们练习，我们又做了一套相同的颜色板，将它们分别放在2个盒子中。孩子们可以利用这些颜色板进行配对练习，也可以进行深浅排列。当孩子们经过一段时间的颜色训练之后，他们开始从生活中发掘各种乐趣。有一次，我在庭院中看到了一个小男孩，他正在快乐地奔跑。突然，他停了下来，抬起头看着天空喊道：“瞧啊！天空是蓝色的！”他就那样站在庭院中仰望天空，很长时间都没有移动。很显然，周围的世界已经成了孩子们欢乐的源泉。父母可以充分发掘生活，利用一些常见的物品来训练孩子的视觉能力。

镜子闪亮亮

看到镜像

难度指数

★☆☆☆☆

游戏目的

提高孩子的视觉敏感度，增进自我认识

游戏准备

镜子1面

茶杯1个

梳子1把

游戏步骤

1. 将镜子放在孩子面前，让他能够清楚地看到自己的面部。映象中不要出现其他景物。

2. 向孩子下达指示，让他准确地指出自己的五官。

3. 当孩子熟悉自己的模样后，在镜子前加入一些小物品，例如茶杯、梳子等。反复练习几遍，直到孩子能够通过映象准确找到小物品为止。

游戏小贴士

◆ 这个游戏很简单，非常适合0～1岁的孩子。一开始的时候，如果孩子无法根据指示准确摸到自己的五官，父母可以用语言稍作提示，但是不要直接帮孩子指出来。

◆ 当孩子能够熟练地捕捉小镜子中的映象，父母还可以将他带到大一些的穿衣镜前，扩展他的视野范围，进一步提升他的视觉能力。

游戏拓展

三角形、正方形和圆形的小木块应该放在木框架的哪个位置呢？试着用线把它们连起来吧！

四棱柱楼梯

辨别薄与厚

难度指数

★★☆☆☆

游戏目的

提高孩子的视觉分辨力，区分薄与厚

游戏准备

四棱柱教具（由10个棕色的四棱柱组成，每个四棱柱的长度相同，但是薄厚逐渐递减）1套

游戏步骤

1. 将四棱柱教具打乱并混合在一起。

2. 让孩子把这些四棱柱按照从薄到厚的顺序排成一排，对四棱柱有一个整体的了解。

3. 再次将四棱柱打乱，让孩子根据自己的喜好来排列这些四棱柱，例如，从最薄的开始排列，或者从最厚的开始排列。

游戏小贴士

◆ 当孩子自己排列四棱柱的时候，父母不要过多干涉，让孩子完全根据自己的喜好来排，即便薄厚互相穿插也没关系。

◆ 在游戏过程中，父母还可以请孩子对比薄厚不同的四棱柱，说一说它们的差别，这样可以加深孩子对薄厚的印象。

游戏拓展

如果想将熊猫四棱柱按照从薄到厚的顺序排列在一起，拼成有趣的熊猫楼梯，应该怎么做呢？请把正确排列后熊猫四棱柱旁的数字按顺序写在下面的横线上。注意，四棱柱越厚，上面的熊猫就越大哦！

顺序：________________

红蓝木棒排排站

认识长与短

难度指数

★★☆☆☆

游戏目的

让孩子通过视觉辨认长与短

游戏准备

红蓝木棒教具1套

游戏步骤

1. 将所有木棒的排序打乱，让孩子按照由短到长的顺序排列。

2. 再次打乱木棒排序，让孩子从中找出最长的木棒和最短的木棒。记录孩子寻找的时间，时间越短越好。

3. 选取2根相邻的木棒，让孩子进行对比，说出它们的差别。

4. 当孩子能准确区分两者的不同后，父母可以提升难度，选取相邻的3根木棒，或者选择不相邻的几根木棒，让孩子说出它们的长短差别。

游戏小贴士

◆ 由于木棒长短不一，所以在做这个游戏的时候，父母最好给孩子提供一个宽敞的空间。

◆ 孩子可能无法迅速找出指定的木棒，这时父母也不要催促孩子，耐心地等他完成指令。

◆ 增加游戏难度的时候要循序渐进，同时给予孩子一定的鼓励，这样有助于保持他对游戏的热情。

游戏拓展

在这套从短到长依次排列的红蓝木棒中，有两根木棒被不小心弄乱了顺序，你能找出是哪两根木棒的位置错了吗？把它们圈出来。

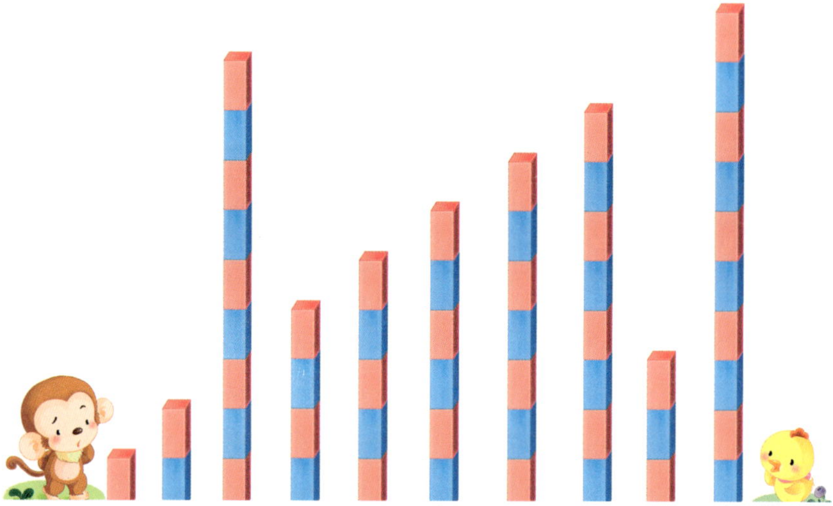

堆座玫瑰塔

了解大与小

难度指数

★★★☆☆

游戏目的

提高孩子的视觉能力，学会分辨物体的大小

游戏准备

正方体教具1套

游戏步骤

1. 将所有的正方体打乱，然后让孩子按照从下到上、从大到小的顺序堆叠，直到他能堆成一座玫瑰色的塔为止。

2. 再次将正方体打乱，让孩子从中找出最大的正方体和最小的正方体。

3. 除了用正方体教具训练孩子的视觉能力外，还可以从日常生活中发掘其他物品，例如玩具球、积木等。只要是形状相同、大小不一的物品即可。

游戏小贴士

◆ 在正方体教具中，最大的一块正方体和第二大的正方体看起来差不多大，孩子很容易将两者混淆，把第二大的正方体当作最大的。因此，父母要多给孩子一些练习时间，让他主动从不规则的玫瑰塔中发现问题、解决问题。

◆ 这个游戏不仅能训练孩子的视觉能力，在堆玫瑰塔的过程中还可以训练孩子跪、站等能力，所以父母可以和孩子在地板上进行练习，保证孩子活动自如。

游戏拓展

如果把下面10块玫瑰色的正方体木块按照由低到高越来越小的规律搭成玫瑰塔，它们应该如何排列呢？把正确排列的序号写下来。

顺序：________________

神奇的影子

观察光影的变化

难度指数

★★★☆☆

游戏目的

观察光、影的变化，提升对光和影子的认知

游戏准备

晴朗、气候宜人的天气带着孩子来到户外或待在家中

游戏步骤

1. 这个游戏可以在白天进行，也可以在晚上进行。早上，太阳光线柔和的时候，让孩子通过戴儿童墨镜等保护措施观察太阳。

2. 中午，选择家中向阳的地方，让孩子站在阳光中，观察自己的影子，请他说一说影子是什么样子的。

3. 傍晚太阳快落山时，带孩子来到户外，让他看一看太阳、天空、云朵、树木的颜色，并观察自己的影子有什么变化。

4. 晚上，选择一个行人较少且有路灯的地方，让孩子观察灯光的颜色，并带着孩子在灯下来回走动，观察影子有什么变化。

游戏小贴士

◆ 这个游戏不仅能训练孩子的观察力，还可以达到锻炼身体的目的。游戏时间很随意，父母可以选择不同时段和孩子一起玩儿。

◆ 如果白天阳光很强烈，最好选择在家里做游戏，以防孩子到户外玩被晒伤。此外，光线强烈的时候，不要让孩子直接看太阳，以免伤害眼睛。可以带他观察柔和的朝阳和夕阳。

照片上的颜色

扩展色彩认知范围

难度指数

★★★★☆

游戏目的

扩展孩子的色彩认知范围，提高色彩辨识力

游戏准备

带有家人的照片（人物要固定，但场景要有所区别）5张

相簿1本

游戏步骤

1. 将照片放在新的相簿中。

2. 让孩子翻看相簿，并向他描述照片的内容，如说："这是妈妈，妈妈穿着红色的衣服。旁边是大树，大树是绿色的。"

3. 当孩子熟悉这些照片后，随机抽出一张，向孩子提问："这个人是谁？她的衣服是什么颜色？"

4. 当孩子能够准确分辨这些场景后，可以迅速翻动相簿，感受不同照片中人物的衣着与季节的对应关系。

游戏小贴士

◆ 在挑选照片的时候，如果用孩子自己的照片就更好了。因为在进行游戏的时候，用这些照片还能加深孩子对家人或自我的认知。

◆ 平时，父母可以在不同的时间用相机拍摄同一场景，在场景中设置一些不同的颜色，这样可以进一步提升孩子的视觉辨别能力。

颜色板站队

认识不同的色彩

难度指数

★★★★★

游戏目的

加强孩子的色彩判断力，认识不同的色彩

游戏准备

颜色板教具2套

游戏步骤

1. 从2套颜色板教具中分别选择3种相对应的颜色，例如红、黄、蓝。现在，每种颜色各有2块相同的颜色板，将1套红、黄、蓝颜色板交给孩子，让他认识这些颜色。

2. 向孩子发出指示，请他从剩下的3块颜色板中，依次找出与手中颜色相同的颜色板。

3. 当孩子按上述方法逐步熟悉其他颜色后，取出一整套颜色板。先将颜色板完全打乱，然后让孩子按照由深到浅的顺序排列这些颜色板。反复练习，直到孩子能够准确地排列这些颜色板为止。

游戏小贴士

◆让孩子先从两三种颜色开始练起，逐步增加难度。

◆父母可以自己动手制作颜色板，例如将比较硬的卡纸做成大小相同的卡片，然后在卡片上贴上不同颜色的包装纸，这样一来，简易的颜色板就做成了。为了方便孩子练习颜色配对，最好一种颜色做2张卡片。

游戏拓展

盒子外有8块颜色板，上面的颜色都是红色，但深浅度有所不同。给这些红色按照由浅到深的顺序排个序吧！

顺序：________________

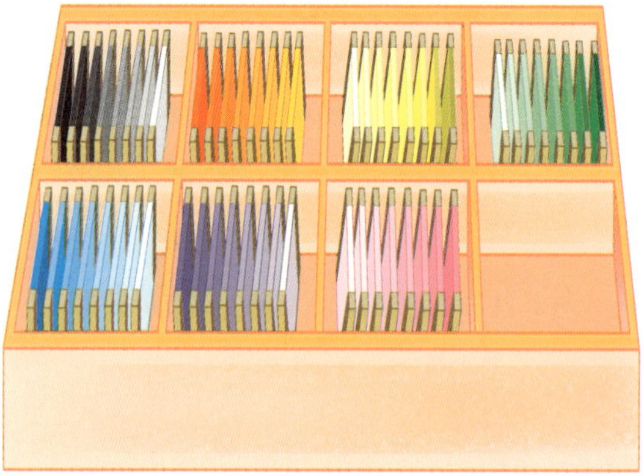

颜色板消失了

凭借记忆找颜色

难度指数

★★★★★

游戏目的

提高孩子的观察力和记忆颜色的能力

游戏准备

颜色板1套

游戏步骤

1. 从颜色板中挑选1块交给孩子，让他认真观察这块颜色板，直到他将颜色记住为止。

2. 在孩子观察手中颜色板的时候，父母将其他颜色板全部打乱混在一起。

3. 将孩子手中的颜色板与其他颜色板混在一起，让他凭借记忆，从混杂的颜色板中找出与刚才他手中颜色相同的颜色板。

4. 如果孩子能找到正确的颜色板，父母可以提升游戏难度，让他寻找同色系的颜色板。

游戏小贴士

◆ 在孩子记忆颜色板颜色的时候，要给他留足时间，当孩子表示记住后，就可以开始游戏了。

◆ 在孩子寻找颜色板的时候，父母不要给他提示，要让孩子完全凭借记忆寻找，这样才能达到游戏的目的。

游戏拓展

用线把蔬菜的颜色与相应颜色的色卡连起来吧！

趣味躲猫猫

找出消失的东西

难度指数

★★★★★

游戏目的

提升孩子的观察力与记忆力

游戏准备

画册1本	铅笔1支
乒乓球1个	笔记本1本
梳子1把	橡皮1块

游戏步骤

1. 将所准备的物品随意摆放在桌子上。给孩子规定一个恰当的时间，让他仔细观察桌上的物品，把它们记在脑子里。

2. 规定时间到后，让孩子闭上眼睛，然后父母将桌上2～3种物品藏起来。

3. 让孩子睁开眼睛，再次观察桌上的物品，说出消失的物品。

4. 父母可以针对消失的物品问孩子：“它是什么颜色？什么形状？”然后将孩子带到藏物品的地方，让他找出正确物品。

游戏小贴士

◆ 先从比较大的物品开始藏，当孩子熟悉游戏后，再挑选比较小的物品来训练孩子的观察力和记忆力。

◆ 如果想要增加游戏难度，可以移动但不藏起一些物品，或者用其他物品来代替藏起来的物品。

记住回家的路

熟悉自己的生活环境

难度指数

★★★★★

游戏目的

扩大孩子的观察范围，在观察中融入思考

游戏准备

晴朗、气候宜人的天气带着孩子来到户外

游戏步骤

1. 以家为起点，确定一个终点，再选择一条经常走的路。

2. 带孩子在这条路上来回走几遍，并让孩子认真观察沿途的景物。父母可以提示孩子："这里有一棵树，那里插着一面红旗。"以此加深孩子的印象。

3. 回到家中，让孩子说一说自己路上看到了什么景象，它们有什么特点。

4. 让孩子尝试画出走过的路线，标出起点、终点，并用不同的颜色标出一些标志性的景物。

5. 等孩子完成路线图后，和孩子一起照图走一遍，对孩子的表现进行鼓励。

游戏小贴士

◆ 选择的路线不要太长，路上最好有一些标志性的景物，这样对孩子的观察有帮助。

◆ 在做游戏的过程中，父母可以针对沿途的景物向孩子提问："这里有什么？”以便加深孩子的印象。

游戏拓展

每个街区都应该有树木、楼房、小汽车和娱乐设施，但下面这4个街区都遗漏了1种元素。你能把元素补齐，让街区变得更加漂亮吗？

图例

PART 02

耳朵

倾听世界的声音

MONTESSORI
EARLY EDUCATION
GAMES IN FAMILY

听一听
蒙台梭利怎么说

把德国和美国主要的聋哑学校中所使用的听觉训练教学用具与我们所使用的联系起来，是一件非常好的事情。这种训练，是学习语言的一个入门过程，主要通过特殊的方式，让儿童辨别人类嗓音的变化。

对于非常小的孩子来说，语言训练占有非常重要的地位。训练的另一个目的是使耳朵对噪声保持灵敏度，使儿童能够区分轻微的噪声，并且把噪声与正常的声音进行比较，然后表达对刺耳或是失调声音的不满。这种感觉教育有极高的价值，通过这种方式训练了儿童的美感，并且可以把它应用到实际生活中的方方面面。

而严格的科学性听力训练并不适用于教学中，因为孩子还不能自主进行训练。只有孩子独处时，才能够偶尔对乐器发出的一些不同音高产生反应。也就是说，绝对安静的状态，对于区分声音是必要的。

马切洛尼是米兰一所“儿童之家”的首位主任，后来是罗马的弗兰西斯卡·卡文特“儿童之家”的主任，他根据多年的研究，发明并且制作了这样一个装置：木架上悬挂着13个铃铛。这13个铃铛外形完全相同，通过小锤敲击，铃铛发出13个不同的音符。

另一个练习需要借助两套26个铃铛和4把小锤。敲击第一套铃铛后，要求孩子在第二套中找到相应的声音。这种练习的难度很大，因为孩子们不知道如何在每一次敲击中使用相同的力量，由此声音会有所差异。即便老师敲击铃铛，孩子们对于分辨声音也非常困难，所以说这并不是非常实用的器具。

对于声音的分辨，我们可以使用皮佐利的一组小口哨。为了制造出不同强度的声音，我们用小盒子装上不同的东西，比如沙子或小卵石等，通过摇晃盒子，就可以制造声音。

在听觉教学中，我采取了以下的步骤：让教师使全体学生保持安静，接着我开始工作，使安静进入更好的状态。我会用一系列变调说“嘘嘘”，声音忽而尖锐忽而短促，还会拉长声调或者像耳语一般轻柔。慢慢地，孩子们开始被我的声音吸引住了。这时我会说：“更加安静些，更加安静些。”

接下来，我继续发出“嘘嘘”的声音，并且用越来越轻的、几乎听不到的声音重复：“更加安静些。”我会继续非常小声地说：“现在我可以听到钟表指针走动的声音，我可以听到苍蝇扇动翅膀的声音，我甚至还可以听到花园里树木在低声说话的声音。”

此时，孩子们都表现得异常的兴奋，但他们坐在那里一直保持着一种绝对安静的状态，仿佛整个房间都空空荡荡的。接下来我小声说道：“让我们都闭上眼睛。”如此重复几次这种练习，让孩子们熟悉静止不动和绝对的安静。

在这种绝对安静中，我们开始有目的地制造正常的声音和噪声。有时候，我们进行声音和噪声之间的比较，我认为最好的是伊塔的方法，当时他使用了鼓和铃铛。他用鼓敲出一系列不同程度的噪声，与此同时，铃铛发出另外一组正常的声音。口哨、盒子对孩子来说不怎么有吸引力，不像其他的乐器那样能训练孩子的听觉能力。

我认为安静后，摇动铃铛，发出悦耳的声音，时而平静甜美，时而纯净动听，将这种振动传遍孩子的全身，对孩子非常有好处。除了对听觉能力的训练之外，通过这种经过细选的铃声，还能实现整个身体振动的练习，使这种平和的感受贯穿于孩子身体的每一部分。我相信，经过这种训练，孩子们会对噪声非常敏感，从而会讨厌噪声，也就避免了他们制造各种噪声。

通过这种方法，听觉经过刺耳或不协调的音符，就达到了音乐训练的目的。这里我没有必要继续举例说明这种教育对孩子们的重要性。

音乐教育必须使用一定的方法来加以指导。总体而言，小孩子不会对伟大音乐家的作品感兴趣，他们根本感受不到声音的精致与美妙，而是更喜欢聚集在大街上，一起大喊大叫，在他们看来这是最美的声音，其实这是噪声。

对于音乐教育而言，我们必须同时创造乐器和音乐。乐器可以唤醒节奏感，使肌肉保持镇静，并起到协调动作的作用，同时为了分辨声音，肌肉本身已经在平和不变的安详中振动着。

我觉得弦乐器（比如某些简化的竖琴）最方便实用。弦乐器配合铃铛和鼓所形成的三重奏，构成了能够展现人性的经典乐器。竖琴是“个人生活中最亲密的伙伴”。传说中的乐神奥菲斯就是手持竖琴，民间故事中的神仙手中也拿着竖琴。

把孩子的注意力吸引住的方式很多，例如一个眼神及某种姿势。教师把孩子们召集在她周围，当然孩子们也可以很自由地走来走去。这个时候，教师拨动琴弦，弹出一段简单的旋律，使自己与孩子们的心灵进行沟通。这时教师若能够伴随着旋律唱歌的话，那么效果就更加好了。孩子们可以跟随着她唱，但不能强迫孩子必须跟着唱。通过这种方式，教师可以选择“适应性教育”，选择一些所有孩子都可以学习的歌曲。这样，她就能够针对不同年龄段的孩子，来选择音乐节奏的复杂程度。教师可以观察到什么时候年龄比较大的孩子能够跟上她，什么时候年龄比较小的孩子也能够跟得上。不管怎样，我认为最简单的乐器就是最适合启发小孩子音乐天赋的乐器。

我曾让米兰一所“儿童之家”的一位主管——她是一位颇有天赋的音乐家，去进行一系列的实验，我的目的是了解小孩子的音乐能力。实验进程中，她用钢琴弹出许多强音，观察孩子对节奏的反应。在节奏的基础上，这位主管设计了一些简单的舞蹈，目的是研究节奏本身对于肌肉运动协调性的影响。她吃惊地发现，随着音乐的影响，孩子们跟着节奏，自发地做出一些动作，并展现出惊人的智慧和艺术性。这些孩子不论拥有哪种社会背景，他们都表现出几乎相同的跳跃行为。

这种实验告诉我们，完全有可能训练孩子们的肌肉感觉，同时还让我们清楚地意识到，肌肉记忆如果伴随着其他形式的感觉记忆，那么这种感觉就会更完善。

钟表实验是我们在“儿童之家”中所进行的一个十分成功的实验，那是一个非常微弱的声音和悄声说话的实验。实验带有纯粹的经验性质，并不是用来测量感觉，但是它的意义非常大，可以帮助我们了解孩子听觉的敏感度。

这个实验的进程是这样的。当达到相对安静状态后，要求孩子们注意钟表的嘀嗒声和平时我们耳朵不会注意的声音。最后，我们让这些孩子一个接一个地小声说出自己的名字。

为了达到这一目的，我开发出几个关于安静的小游戏，这些小游戏能够强化儿童的纪律观念。

我让孩子们把注意力集中到我身上，让他们监督我能在多大程度上做到安静。我变换各种不同的姿势，如站着、坐下等，在安静的状态保持这些姿势，一动不动。要想保持绝对安静，并不是一件容易的事情。我叫出一个孩子，让他跟着我做同样的动作。他调整自己的脚的过程中，发出了声音！他把手臂放在椅子靠背上，做这个动作时同样发出了声音。而他的呼吸也并不安静，他所做的一切不像我那样保持着绝对的安静。

在这个孩子做动作时，我利用静止不动的间隙作了简短的评论，而其他孩子都在看着、听着。他们中间的许多人都对这个活动产生了浓厚的兴趣，因为这一切他们从来没有经历过。也就是说，我们以前制造了那么多的噪声，而事实上自己却从来没有注意过。当然，安静也存在着等级。当没有任何东西移动时，便是绝对的安静。孩子们看着我站在房间的中间，他们不发出任何声响，我也不发出任何声响，此时我就好像真的不存在一样。接下来，我让孩子们模仿我的动作，此时我特别注意自己的动作，哪怕是一丁点儿轻微的动作，也会发出声音。而孩子们也都关注着自己，保持一种静止不动的状态。

当孩子们努力保持这种状态时，我们就达到了安静，这种安静与我们平时所说的安静有很大的区别。

这种安静就像生命渐渐消失一样，整个房间随着安静的延续在一点一点地变空，好像里面没有人一样。接下来，我们就听到钟表发出的嘀嗒声，并且随着安静的程度越来越深，这嘀嗒声也就随之变得越来越强烈。孩子们坐在那里，好像睡着了一样，其实他们在感受迷人的安静。一位老师这样说道："这儿好像没有人，孩子们都出去了。"

达到这种程度后，再慢慢拉上窗帘，轻声告诉孩子们闭上眼睛，趴在胳膊上休息。孩子们按照我说的做了，屋内一片黑暗，这种绝对安静的状态又出现了。

这时，我轻轻地说："请大家仔细聆听，有一个非常轻柔的声音在叫你的名字。"说这话时，我已离开孩子们所在的房间，走到隔壁的房间。声音久久徘徊，好像我在遥远的山峰上说话一样。这种声音，要是在平时几乎听不到，而此刻似乎飘入孩子们的心中，唤醒孩子们的灵魂。当每个孩子被叫到名字时，他会抬起头，睁开眼睛，脸上流露出一种幸福的表情。然后他站起来，用脚尖轻轻地着地，向外面走去。要是在平时，他根本听不到这种程度的声音，但现在他的脚步在安静中出现回声，回荡在静止不动之中。

孩子来到门口，满脸的高兴。有的孩子会把脸埋在我的裙子上；有的孩子会回头看自己的同伴，他的同伴像雕像一样安静地坐在那里等待着。被叫到的那个孩子似乎拥有了特权一般，如同收到礼物或得到奖励一样。虽然他们知道，每一个人都会被叫到，但他们感觉“第一个被叫到的就是最安静的一个”。所以每个孩子都尽力表现出安静的状态，希望获得这种奖励。有一次，我看到一个3岁的小孩想打喷嚏，但她还是努力地把喷嚏憋回去。她忍住了，她成功了！她的努力令人吃惊。

孩子们对这个超乎想象的游戏产生了极大的兴趣。他们表情专注，耐心而静止不动，显示出无比的快乐。刚开始时，我还不了解孩子们的心灵。我曾设想过，把糖果和小玩具分给被叫到的孩子，认为这些小礼物是对孩子做出这种努力的奖励，但是我很快发现没有奖励的必要了。

孩子们经过努力保持住安静以后，便享受到了安静的感觉。对安静产生的快乐很惬意，就像船舶停靠在安全的港湾中一样。孩子们乐于接受一些新东西，并且能够战胜自己。这对他们来说是一种有益的补偿。他们不在乎糖果，也忘记了小玩具，而糖果和小玩具我曾认为会吸引他们的注意力。因此，我放弃了那些想法，并且十分惊奇地发现，这个游戏非常成功，即便是3岁的孩子，也能够在我把全班40个孩子一一叫出房间的这段时间内保持静止不动和安静的状态！

从那个时候起，我终于认识到了孩子的心灵中，存在着独特的奖励形式和精神快乐。经过这样一些练习以后，孩子们和我的距离变得更近了，他们比以前更加听话了，更加有礼貌了。我和孩子们在这样的游戏中，有时好像的确被隔离在世界之外，并且有那么几分钟我们是如此接近。我叫他们的名字，他们在安静中听到我发出的声音，这种声音让每个孩子都非常高兴。

音筒找朋友

寻找相同的声音

难度指数

★☆☆☆☆

游戏目的

训练孩子听觉的准确性

游戏准备

音筒教具1套

豆子适量

沙子适量

小石子适量

游戏步骤

1. 将音筒教具中的6个音筒分为2组，每组分别装上豆子、沙子、小石子，保证3套音筒发出的声音要配套。
2. 把音筒教具交给孩子，让他从1组教具中挑选1个音筒，晃动并仔细聆听音筒发出的声音。
3. 当孩子熟悉某个音筒的声音后，让他从另外那组教具中找出声音相同的音筒，直到将所有的音筒配成对为止。

游戏小贴士

- 音筒中的物品不要装太满，晃动时能够发出清晰的声音就可以了。
- 在做这个游戏的时候，周围不要有噪声，以免影响孩子的注意力。

游戏拓展

宝宝伴着妈妈轻声唱出的舒伯特《摇篮曲》入睡吧！

摇篮曲

曲　舒伯特

豆子音筒摇啊摇

分辨声音的强与弱

难度指数

★★☆☆☆

游戏目的

训练孩子听觉的敏锐度

游戏准备

音筒教具2套

豆子适量

游戏步骤

1. 在音筒中装上豆子，豆子的量要有多有少，让音筒能发出大小有别的声音。2套教具中音筒的声音强弱要互相匹配。

2. 将其中1套教具交给孩子，让他熟悉音筒的声音，然后按照音量由大到小的顺序给音筒排序。

3. 当孩子熟悉这套音筒的声音后，让他从另外那套教具中寻找音量相同的音筒，和这套音筒配对。

游戏小贴士

◆ 在孩子做游戏的时候，父母可以向孩子提问："这个音筒的声音大（小）吗？"这样有助于孩子区分声音大小。

◆ 父母可以自己制作音筒：收集一些大小相同的塑料瓶，清洗干净后在里面装上碎物，简易音筒就做成了。

听听大自然

倾听自然的声音

难度指数

★★☆☆☆

游戏目的

训练孩子的听觉辨识力

游戏准备

在不同的游戏情境下，带孩子外出

游戏步骤

1. 选择一个晴朗的好天气，带孩子到风景优美的户外，让他闭上眼睛倾听风声、鸟鸣等。
2. 在雨天，和孩子一起坐在窗前，闭上眼睛聆听雨声。如果雨不大，还可以带孩子到户外，让孩子聆听雨滴敲打树叶、雨伞等的声音。
3. 在夜晚，可以带孩子到公园，倾听昆虫和其他动物的声音。

游戏小贴士

◆ 这个游戏主要分为晴天、雨天、夜晚3种背景，随意性较大，父母可以根据现实情况来选择。

◆ 大自然是最好的课堂。带孩子走出家门，对训练听觉能力具有显著的作用，还可以增加孩子的阅历。需要注意的是，尽量选择舒适的天气，并注意出行安全。

钟表实验

提高听觉的敏感度

难度指数

★★☆☆☆

游戏目的

提高孩子听觉的敏感度，强化纪律感

游戏准备

小闹钟1个

游戏步骤

1. 找到一间没有杂音的安静房间。
2. 和孩子一起安静地坐好，将小闹钟放在身边。
3. 起初可能不容易听到闹钟的声音，这时不需对孩子发出指令，只要继续保持安静即可。
4. 当闹钟的声音逐渐清晰时，轻轻告诉孩子闭上眼睛，从不同的方向轻声呼唤孩子，观察孩子能否做出正确的反应。

游戏小贴士

◆ 游戏结束后，问一问孩子："你听到了什么声音？它们来自哪里？"这能引导孩子分辨细微的声音，提高孩子的听觉敏感度。

游戏拓展

妈妈拉着宝宝的小手或小脚，随着口中哼出的音乐舞动，并逐渐让宝宝有意识地随着音乐"舞动"。

没有人说话

掌握安静的本领

难度指数

★★☆☆☆

游戏目的

让孩子学会保持安静

游戏准备

音响或其他音乐播放设备1台

游戏步骤

1. 将屋内的窗帘拉上，营造一个安静的环境，然后和孩子面对面坐好。

2. 放一段优美、舒缓的音乐，让孩子闭上眼睛。音乐结束后，请孩子睁开眼睛，让他用微笑或者难过的表情来表达自己的内心感受。

3. 和孩子一同站起来，像小猫一样在房间内轻轻地走动，尽量不要发出声响。

4. 在窗户前和孩子听街道上的声音，或在钟表前和孩子一起聆听指针的声音。这个游戏持续约10分钟即可。

游戏小贴士

◆ 在做这个游戏之前，告诉孩子全程都不能说话，如果要表达感受，只能用表情或动作进行表达。

◆ 播放音乐时，音量要小，这样能提高孩子的听觉敏锐度。

游戏拓展

让孩子的身体保持不动，闭上眼睛听一听周围有哪些声音。闭上眼睛时，孩子听到的声音：

☐ 呼吸的声音

☐ 心跳的声音

☐ 钟表指针走动的声音

☐ ____________

☐ ____________

☐ ____________

动物演唱会

认识各种小动物的叫声

难度指数

★★☆☆☆

游戏目的

训练孩子的听觉敏锐度，认识各种动物叫声

游戏准备

动物卡片3张

音响或其他音乐播放设备1台

游戏步骤

1. 让孩子认识3张动物卡片上的动物。

2. 给孩子播放这些动物的叫声，让他熟悉3种动物的声音。

3. 当孩子记住这些声音后，父母随机播放动物的叫声，让他说出这是哪种动物，同时找出正确的卡片。反复练习这个游戏，让孩子能熟练、准确地听出这些动物的叫声。

游戏小贴士

◆ 游戏难度要循序渐进，先从孩子熟悉的动物开始，然后逐步增加其他动物。

◆ 这个游戏非常适合全家人一起做，既能训练孩子的听觉反应力，又能增加孩子的学习兴趣。

游戏拓展

妈妈指着小动物的图片，让宝宝跟着自己念出下面的儿歌，熟悉这4种动物的叫声。当宝宝已经熟悉它们的叫声后，妈妈随意学其中一种动物的叫声，让宝宝在图片中指认出来。等宝宝熟悉游戏之后，可以让他接着编其他动物的叫声儿歌。

小牛小牛哞哞叫，小羊小羊咩咩叫，

小猫小猫喵喵叫，小狗小狗汪汪叫。

小小演奏家

区分音乐和噪声

难度指数

★★★☆☆

游戏目的

让孩子学会分辨声音的悦耳程度

游戏准备

小鼓1个

口琴1只

玩具电子琴1架

游戏步骤

1. 让孩子对比这些乐器发出的声音。

2. 让孩子自己演奏这些乐器，并请他对比自己演奏出的声音与父母演奏出的声音哪个动听。

3. 让孩子挑选自己喜欢的乐器，指导孩子演奏简单的音节，感受音乐与噪声的区别。

游戏小贴士

◆ 为孩子准备的乐器越简单越好，以方便孩子操作。在做游戏的时候，父母可以提问："你喜欢这种声音吗？"引导孩子认识音乐与噪声。

◆ 平时，父母可以给孩子播放一些优美的音乐，一方面训练孩子的听觉能力，另一方面培养孩子的乐感。

游戏拓展

将乐器与它们的声音特点连起来。

嘹亮　　低沉

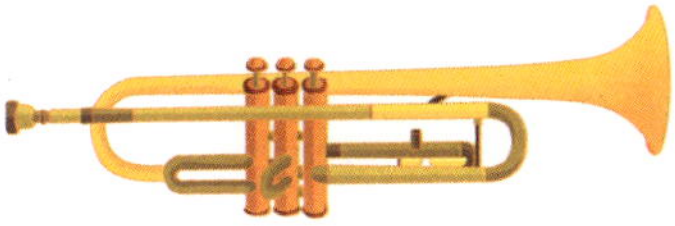

去睡觉

学会安静入睡

难度指数

★★★☆☆

游戏目的

训练孩子保持安静的能力

游戏准备

手表1块

游戏步骤

1. 将屋内的窗帘拉上，营造一个安静、舒适的环境。让孩子躺在床上，闭上眼睛。

2. 用轻柔的语气让孩子慢慢放松身体，例如："枕头软软的，头变得好轻，感觉真舒服。"从头开始，一直放松到脚。

3. 当孩子完全放松下来后，将手表放在他的耳边，让他聆听细微的声音，然后将手表慢慢移开，同时轻柔地对他说："手表要休息了，指针的声音听不见了。"

4. 当孩子完全入睡后，父母就要保持安静，不要说话了。

游戏小贴士

◆ 这个游戏非常适合在孩子入睡前做，在做游戏的时候，一定要保证周围的环境很安静。

◆ 在孩子入睡前，父母可以让孩子听各种轻微的声音，或者用轻柔的语调给孩子讲故事，直到他睡着为止。

我说你做

按照指令行动

难度指数

★★★★☆

游戏目的

训练孩子的听觉反应力

游戏准备

纱巾1条

宽敞、安静的场地

游戏步骤

1. 和孩子面对面站立。
2. 向孩子发出简单的指令，让他根据指示做动作。
3. 将孩子的眼睛蒙起来，然后放低声音，向他发出指令。
4. 如果孩子能够完成上述要求，就换一个嘈杂的环境，提高或者降低说出指令的音量，让孩子从中分辨指令，并做出正确的动作。

游戏小贴士

◆ 在做游戏的时候，要提醒孩子仔细听，因为每个指令只说2遍。

◆ 这个游戏难度比较大，刚开始玩的时候孩子可能经常做错。不过只要反复练习，孩子的听觉反应力会越来越强。

水杯叮咚

培养简单的节奏感

难度指数

★★★★☆

游戏目的

聆听不同的声音，训练孩子的节奏感

游戏准备

大小相同的玻璃杯5个

筷子1根

清水适量

游戏步骤

1. 在5个玻璃杯中倒上水，水量从少到多，使其敲击时能够发出不同音调的声音。

2. 让孩子用筷子逐个敲打杯子，熟悉水杯发出的声音。

3. 让孩子按照一定节奏逐个敲打杯子，然后交叉敲打杯子，感受不一样的声音。

4. 父母可以给孩子做示范，随时变换敲打节奏以形成简单的曲调。然后让孩子自己体验，直到他玩到尽兴为止。

游戏小贴士

◆ 在游戏过程中，可以让孩子跟着敲击声哼唱，这有助于培养孩子的节奏感。

◆ 可以用玻璃瓶代替玻璃杯。敲打时要掌握好力度，以免将容器敲碎。

游戏拓展

用手指画出七彩的音符，并学着认一认它们吧！

歌声从哪儿来

听声音辨方向

难度指数

★★★★★

游戏目的

训练孩子听声辨位的能力

游戏准备

音响或其他音乐播放设备1台

游戏步骤

1. 让孩子坐在客厅，闭上眼睛。

2. 父母在客厅中某个地方播放一段音乐，同时问孩子：“声音是从哪边传来的？”

3. 如果孩子能够准确判断声音的来源，父母就选择去另外一个房间播放音乐，让孩子留在客厅，并寻找声音来源。

4. 除了更换不同的场所，父母还可以调控音量大小，因为声音越小，难度越高，听觉训练越有成效。

游戏小贴士

- 做游戏的时候，要确保房间内没有其他声音，以免干扰孩子的训练。
- 为了防止孩子偷看，父母可以用纱巾将孩子的眼睛轻轻蒙起来。

是拍还是跳

提高身体协调能力

难度指数

★★★★★

游戏目的

提高孩子的听觉敏感度，增强对声音的辨识能力

游戏准备

瓷碗1个

不锈钢碗1个

筷子1双

游戏步骤

1. 把瓷碗和不锈钢碗倒扣着放到桌子上。

2. 让孩子在桌子旁边站好，确保地面平坦，周围无尖锐物。

3.妈妈（爸爸）双手各拿1根筷子，分别敲瓷碗和不锈钢碗，让孩子记住两种声音，告诉他敲瓷碗时拍手，敲不锈钢碗时向上跳，同时敲瓷碗和不锈钢碗时又拍手又向上跳。

4. 按照一定的节奏敲瓷碗和不锈钢碗，让孩子跟着做动作。

游戏小贴士

◆ 父母可以利用这个游戏提高孩子的节奏感和动作协调能力，但刚开始做游戏时不要直接让孩子完成一长串动作，等他适应后，再循序渐进增加难度。

PART 03

肌肤

触摸真实的世界

MONTESSORI
EARLY EDUCATION
GAMES IN FAMILY

听一听
蒙台梭利怎么说

威廉·詹姆斯认为，“精神的力量”是“生命的神秘因素”之一。但丁也说过：“……人类不知道自己的最高智慧从哪里来，也不知道自己对物质的最高欲望从哪里产生，他们只会像蜜蜂一样，凭自己的本能去酿蜜……”人们对外在事物的特殊态度构成了其天性的一部分，而且决定了他们的性格特征。吸引我们注意力的不是那些无关紧要的东西，而是我们感兴趣的东西。

只有那些能激发我们内在活力的东西才能引起我们的兴趣。我们的内在世界对外部世界所提供的信息会做出一定的选择，从而让它们跟我们的内部要求相一致。比如，在这个世界上，画家能发现最丰富的色彩，音乐家最容易被声音所吸引。虽然人们生活在同样的环境里，但个性特征、内在表现、人与人之间的差异，在有些人那里还是表现得比较明显的，他们只会从环境中找到自己需要的东西。那些构成我们外部世界的“经验”，在人与人之间并不会造成混乱，而且还受个体能力的控制。

没有一位老师能够用任何技能使一个孩子对某个物品表现出专注的神情。显然，这种专注力是内部力量作用的结果。历史记载的天才让我们发现，虽然他们性情不同，但都拥有超常的注意力。比如，阿基米德非常专注，传闻叙拉古城被敌人攻下都未能使他分心，他在伏案研究几何图形时被杀。牛顿沉浸于研究时，竟会忘记吃饭。意大利诗人阿尔费里在创作一首诗时，居然对经过他窗前的结婚队伍的喧闹声充耳不闻。

然而，天才人物在注意力方面所具有的这些特征，是不能被一个“对此感兴趣的”老师唤起的，不管这位老师的教学艺术多么巧妙，多么高超。

“通过儿童内心的精神力量作用就能够打开注意力之门”，如果说这种观点是正确的，那么由此引发的问题就不是简单的教学艺术问题，而是自由对儿童心灵建构的作用的问题。用逻辑学的观点来看，通过外部力量来为儿童提供适应其心理需要的营养物质，以及用尽量完美的方式尊重他们自由发展的态度，是创造新的教学法的基础。

我们应依据实验，科学地为儿童提供建构心灵所需要的东西。我们可以看到很多复杂生命现象的发展。在这个过程中，理性、意志和性格会一同发展起来。这就像营养均衡的儿童，他们的大脑、胃和肌肉将同时成长发育一样。

首先，我们会发现孩子认知能力的出现。它为智力的发展提供了第一个胚芽，可以补充本能的兴趣。当这种情况产生时，认知就开始为儿童建立一种类似注意力的心理机制。这样就又发生了从已知到未知、从简单到复杂、从容易到困难的演变，不过这是带有某种特征的。

从已知到未知的演变，并不像有些老师所设想的那样从一个物体转移到另一个物体，而是在儿童内心建立起来的一种复杂的观念体系。这一体系是儿童在一系列心理过程中自己积极建构起来的。它代表了一种内在的心理发展过程。

为了完成上述变化，我们应该为儿童提供大量系统的、复杂的、和其能力水平相一致的材料。比如，我们可以向儿童提供一系列物品，来引发他们关注颜色、形状、声音、触觉的本能。儿童会用他们特有的方式，同各种物体持续发生活动，来建构自己的心理个性，并获得对事物清晰、有序的知识。

完成了这一步，这些通过形状、尺寸、颜色、光滑度、重量和硬度等特征呈现的物体，就跟儿童的心理发生了联系。某些东西开始出现在儿童的意识中。儿童时刻期待着它们，并快乐地接受它们。

当儿童在这种原始冲动的基础上又认识和注意到外部事物后，他们就跟这个世界上的某些东西建立了一种联系，他们的兴趣也更广泛了。换句话说，他们不再局限于跟原始本能相关的原始兴趣。他们的新兴趣建立在已获得的知识基础上。这也是儿童洞察力的基础。

孩子可以在同一段时期内做各种不同的练习。我有这样一种教具，它是一块矩形板，表面分成两个部分：光滑面和粗糙面。在进行这项练习之前，让孩子先清洗自己的小手。孩子们已经学会如何用凉水和肥皂来清洗自己的小手了。等他们洗好后擦干，再将指尖放入温水中浸泡几秒钟。然后，老师引导孩子用柔软的指尖轻轻地抚摸两种表面，感受两者的不同。在抚摸表面时，孩子的指尖轻微移动的动作是培养控制能力的好方法。孩子的小手清洗干净，还用温水浸泡过，则更增添了他们在做这项练习时的优雅感觉。这项练习是对孩子进行触觉培养的开始，在我的教学方法当中，对孩子触觉的培养是相当重要的一环。

这项练习是培养孩子触觉的启蒙教育，在指导孩子做这项练习时，老师必须有积极参与的态度，要示范如何练习，还要引导孩子如何用指尖轻轻抚摸两种不同的表面。老师在参与这项练习时，不需要做解释，最好保持沉默，只需要握住孩子的小手即可。如果老师要说话，那就说些鼓励孩子动手去抚摸，体验两种不同表面所带来的感受的话语。

当孩子体验到两者的不同后，会按照老师的指导方法不断体验两者的区别。体验过两种不同表面的教具后，可以给孩子感觉另一种教具。它也是一块矩形板，上面贴有不同程度的光滑和粗糙表面的胶带纸。也可以使用那种层次分明的系列砂纸作为培养孩子触觉的教具。通过对不同表面的抚摸，孩子体验到了不同表面所带来的不同触感，慢慢地就能分辨出差异细微的触觉感受，在提高触觉能力的同时，也提高了对手部的控制能力。

在这些练习之后，可以让孩子触摸各种各样的布料，例如丝绸、棉布、亚麻布、天鹅绒等。布料要选择颜色鲜艳明亮的，且形状大小要尽量一致。

然后，老师可以让孩子做一些新的练习。孩子抚摸布料，可以从粗糙的棉布到细滑的丝绸，让孩子根据布料的精细和光滑程度采取相应的力度（如用力抚摸或者轻柔抚摸）来感受布料。经过之前的训练，孩子已经有了一定的触觉能力，能够在触摸不同布料时找到很多乐趣。孩子为了增加抚摸布料时的触觉感知力，会不自觉地将双眼闭上。有的孩子还会将自己的双眼用一块干净的手绢蒙起来，细心地抚摸每一块布料，并将不同触感的布料区别开，然后再将手绢从双眼拿下来，看看自己是否出了错。

孩子对这类抚摸练习特别感兴趣，除了使用教具触摸，还会在自己周围的环境中寻找这种体验。例如，有一个孩子看到穿着漂亮衣服到访的客人时，先将自己的双手洗干净，然后走到客人身边，用手轻柔地抚摸客人的衣服，感受那件衣服的布料。这时，孩子的脸上洋溢着快乐和满足的神情。

爱的抚摸

触摸暖暖的身体

难度指数

★☆☆☆☆

游戏目的

激发孩子的触觉能力

游戏准备

温度适宜的房间

游戏步骤

1. 让孩子躺在床上，用手指轻轻抚摸孩子的脸，同时轻柔地对孩子说："这是脸。"

2. 用同样的方法依次抚摸孩子的臂部、手部、背部、臀部、腹部、腿部、脚部，一边抚摸一边告诉孩子这是哪个部位。

3. 和孩子互换角色，抱起孩子，让孩子用小手触摸父母的脸部、臂部、手部等。在孩子抚摸时，父母要告诉他所触部位的名称。

游戏小贴士

◆这个游戏非常适合0～1岁的孩子，轻柔的触摸有助于激发孩子的触觉发育，还能让孩子感受父母的爱。

◆做游戏时，可以让孩子躺着，也可以由父母抱着，只要孩子感觉舒适即可。

◆抚摸孩子时，动作一定要轻柔，最好不要在孩子刚吃饱或者空腹的时候进行。此外，如果孩子出现激烈的情绪反应，游戏要立刻停止。

手指好有趣

学认手指

难度指数

★★☆☆☆

游戏目的

提高手指灵敏度，学认手指名称

游戏准备

纱巾1条

游戏步骤

1. 让孩子伸出一只手，父母按照顺序，一根一根地触摸孩子的手指，并告诉他："这是拇指，这是食指……"教孩子认识每根手指的名称。

2. 当孩子熟悉自己的手指后，父母可以向孩子提问："拇指（或其他手指）在哪里？"然后让孩子伸出对应的手指。

3. 把孩子的眼睛轻轻蒙上，并伸出一只手。父母任意握住孩子的一根手指，然后让孩子说出这根手指的名称。

4. 让孩子将双手交叉相握，同时蒙上眼睛。父母再次从中任意挑选一根手指，让孩子来猜。反复练习，不断提高孩子的准确率。

游戏小贴士

◆ 在指导孩子认识手指名称时，父母可以配上有趣的儿歌，这样有助于增加游戏的趣味性。

◆ 孩子在闭眼猜手指的时候，容易出现错误，父母要给予适当的鼓励，以增强孩子的自信心，保持对游戏的兴趣。

游戏拓展

沿着白色的线条，画出网球的轨迹。

洗洗小手

了解不同的温度

难度指数

★★☆☆☆

游戏目的

让孩子感受温度，同时学会洗手

游戏准备

凉水（不要低于25℃）1盆

温水1盆

热水（不要超过45℃）1盆

游戏步骤

1. 将孩子的双手依次放到凉水盆、温水盆、热水盆中，让他逐一感受不同的温度。
2. 将孩子的双手分开，同时放在其中2盆水中，让他感受不同的温度。
3. 让孩子根据自己的喜好选择一盆温度令他感觉舒适的水，然后和孩子一起将双手放入水中，给孩子示范简单的搓洗动作。

游戏小贴士

◆这个游戏可以在早上起床洗漱的时候进行，也可以在洗澡的时候进行。一边做游戏，一边告诉孩子：“这是凉水。这是温水。这是热水。”

◆当孩子学会用双手感受不同的温度后，还可以让他尝试用双脚来感受水温。

光着脚丫走

感知脚底的事物

难度指数

★★★☆☆

游戏目的

提升孩子脚部的触觉敏感度

游戏准备

不同质地的毯子若干

扣子若干

游戏步骤

1. 将光滑的地板擦干净，让孩子脱掉鞋子，赤脚在地板上行走，并说出自己的感受。

2. 在地板上铺上不同质地的毯子，让孩子赤脚在上面行走，同时说出对各种毯子的感觉。

3. 逐步提高难度，在毯子下零星放置一些小扣子，让孩子赤脚在毯子上走，问问他有什么感觉。

4. 如果孩子能够感觉出扣子的存在，可以增加毯子的厚度，这样能测量和提升孩子脚部的敏感度。

游戏小贴士

◆ 做这个游戏时，父母要提供一个足够的空间，并保证地面上没有尖锐的异物。

◆ 父母可以和孩子一起光脚走，增添游戏的趣味性。

游戏拓展

听一听奥地利作曲家小约翰·施特劳斯的《蓝色多瑙河》，用手指在圆点上随着节拍“舞动”吧！

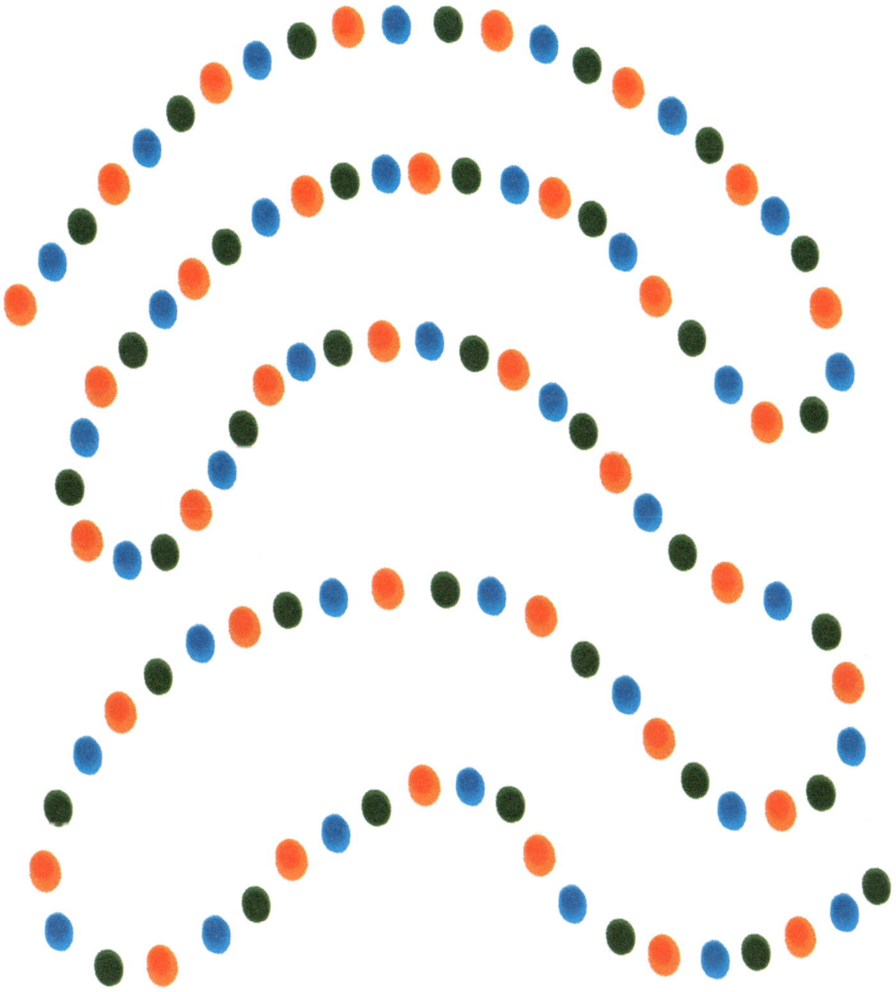

摆摆小木块

认识光滑与粗糙

难度指数

★★★☆☆

游戏目的

提高触觉敏感度，让孩子学会辨认光滑与粗糙

游戏准备

大小相同的木块2块

白纸1张

砂纸1张

游戏步骤

1. 在1块木块表面贴上光滑的纸，另1块表面贴上粗糙的砂纸。
2. 将2块木块分开摆放，让孩子用指尖轻轻触摸，分别感受光滑与粗糙的特点。
3. 将2块木块拼在一起摆放，让孩子在光滑与粗糙的衔接部分前后移动指尖，感受光滑与粗糙的不同。

游戏小贴士

◆ 在做游戏前，将孩子的双手清洗干净，这样可以提高他的手指敏感度。

◆ 在做游戏时，父母还要告诉孩子“这是光滑的”“这是粗糙的”，并且让孩子尝试说一说自己的感受。

游戏拓展

哪些东西摸上去是光滑的，哪些东西摸上去是粗糙的呢？把表面光滑的东西圈起来吧！

排列纸条

体会手感的变化

难度指数

★★★☆☆

游戏目的

充分感受触觉变化，提升触觉感知力

游戏准备

木板1块

材质不同的纸张（从光滑到粗糙，手感各不相同）若干

游戏步骤

1. 将纸张裁成宽窄相同的纸条，然后将纸条按照从光滑到粗糙的顺序横向贴在木板上。

2. 让孩子用指尖从上到下在木板上来回滑动几次，体会手感的变化。

3. 当孩子熟悉纸条的触感后，随机指出其中一种纸条，让孩子用简单的词汇说一说它的特点，并表达自己的感受。

4. 让孩子把眼睛闭起来，将他的手指放在其中一张纸条上，让他猜一猜这张纸条排在第几行。

游戏小贴士

◆除了父母自己制作的触觉板外，也可以用家里常见的物品来训练孩子的触觉，例如不同质地的衣服、书籍封面等。

◆孩子既可以用指尖逐一感受触觉板上纸张的变化，也可以用整个手掌同时体会不同的手感。用不同的手法触摸时感受也会不同。

游戏拓展

写出制作汉堡的正确顺序，并按照这个顺序用美味的食材做出一个真的汉堡来。注意体会每种食材不同的触感哦！

顺序：______________

托起小木块

分辨重与轻

难度指数

★★★☆☆

游戏目的

学会分辨重与轻，提高触觉敏感度

游戏准备

外形相同、重量不等的小木块10块

游戏步骤

1. 挑选其中最轻的和最重的木块，让孩子分别托在两只手中，并说出哪块重、哪块轻。

2. 逐渐提升难度，从木块中挑选重量相近的2块木块，让孩子感受其重量。反复练习，直到他能准确地判断出轻重为止。

游戏小贴士

◆用来做游戏的木块一定要光滑，以免扎伤孩子。

◆孩子初次玩这个游戏时，可以用手多次掂量木块，这样有助于他更好地辨别出木块的轻重。不过，随着要求的提高，要让孩子逐步减少掂木块的次数。

◆除了用木块来训练孩子的触觉，父母还可以利用生活中其他物品，如玩具、书籍等进行训练。

摸摸布料

感受柔软与坚硬

难度指数

★★★★☆

游戏目的

提高孩子手部触觉，认识软与硬、光滑与粗糙

游戏准备

丝绸2块

天鹅绒2块

棉布2块

毛线针织物2块

游戏步骤

1. 将1块布料交给孩子触摸，然后让他从其他布料中找出触感相同的布料，进行配对。并按此方法逐一完成配对。

2. 当孩子能够完成布料配对后，教他认识这些布料的特点，例如“这是丝绸，很光滑”“这是天鹅绒，非常柔软”等。

游戏小贴士

◆ 允许孩子用自己喜欢的方式触摸这些布料，可以用指尖轻抚，也可以用双手揉搓。

◆ 可以根据孩子的学习程度，适当增加或更换布料的种类，逐步扩大孩子的触觉认知范围。

游戏拓展

你能帮助海难幸存者求救吗？把漂在海中的酒瓶剪下来，在沙滩上拼出一个“SOS”的求救信号吧！

捡东西

灵活运用自己的身体

难度指数

★★★★☆

游戏目的

进一步强化触觉功能，同时提高身体灵活度

游戏准备

丝绸手绢1块

毛巾1条

硬币1枚

积木1块

游戏步骤

1. 将准备好的不同质地的小物品摆放在孩子面前。
2. 先让孩子用手或者身体其他部位感受这些物品，当孩子熟悉这些物品的触感后，把它们分别放在不同的地方，用其他东西遮起来，例如放在地毯下、报纸下、床单下等。
3. 告诉孩子放物品的地方，让他通过抚摸、踩等方式寻找被遮起来的物品，并准确说出物品的名称。

游戏小贴士

◆ 用来放物品的地点要高低有序，让孩子能够充分活动身体。此外，这些地方还要适合孩子的动作发展程度，不要放在拥挤的角落或高高的柜子上，以免孩子在游戏中受伤。

◆ 刚开始做这个游戏时，尽量挑选孩子熟悉的物品，以保持孩子玩游戏的兴趣。

游戏拓展

照着图例叠出一只小青蛙，把它贴到池塘的莲叶上吧！

图例

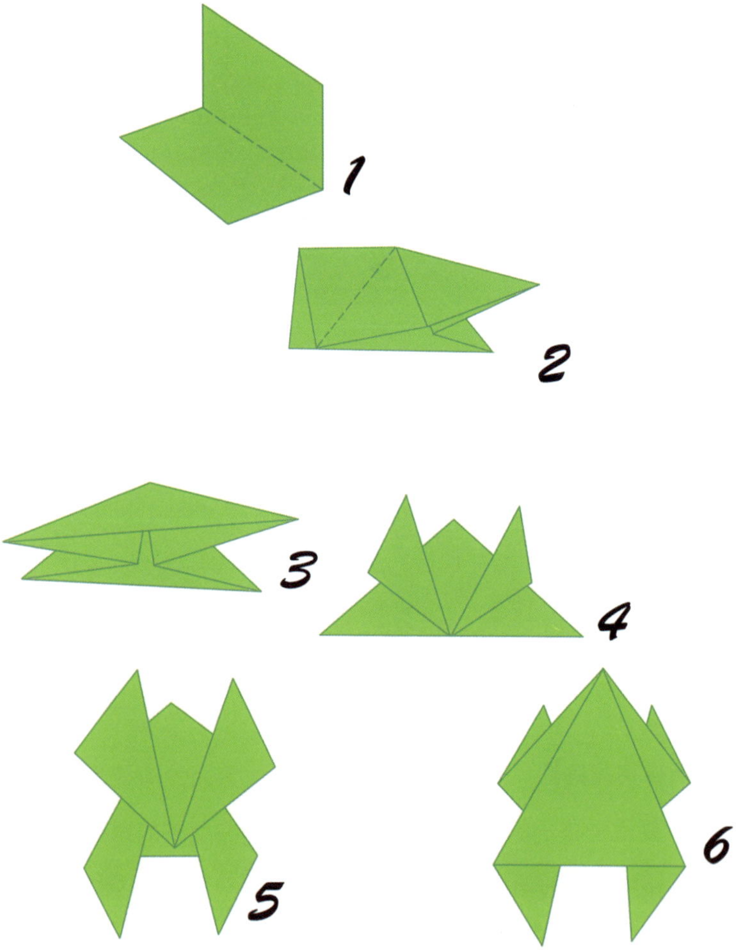

盲人游戏

学会给物品分类

难度指数

★★★★★

游戏目的

全面训练孩子的触觉判断力

游戏准备

敞口纸箱1个

丝绸手绢1块

塑料球1个

砂纸1张

木块或积木1块

纱巾1条

游戏步骤

1. 将准备好的不同质地的小东西放入敞口纸箱。

2. 用纱巾将孩子的眼睛蒙起来，让他把双手放入纸箱中，然后向孩子发出指令："寻找一件粗糙（光滑、很重……）的物品。"

3. 让孩子将选对的物品放在箱外，继续发出指令。当箱子中的物品都拿出来后，再向孩子发出指令："请把木块（塑料球、丝绸手绢……）放入箱中。"直到孩子准确地完成任务为止。

游戏小贴士

◆ 如果要提升难度，可以适当放一两样孩子不熟悉的物品，让他一边摸一边说出物品的特点。

游戏拓展

思考一下，图中的小动物生活在哪里呢？请把错误的圈出来！

120
110
100
90
80
70
60

PART 04

鼻子

嗅出世界的气味

MONTESSORI
EARLY EDUCATION
GAMES IN FAMILY

听一听
蒙台梭利怎么说

有关孩子的感觉训练，我不敢说有一种十分完美的方法。但我相信，对于心理学研究来说的确开辟了一个新的领域，它预示着一个有价值的成果将要出现。

实验心理学关注一种完美的方法，通过这种方法可以帮助我们测量感觉。关于个体感觉方法论，到目前为止，还没有人探索、尝试过。而我认为，伴随着心理测量学的发展，注意力将会更多地集中于个体的研究上，而不是纯粹去追求一种完美。

我们的教育总体目标包括两方面：生物学方面和社会学方面。从生物学方面来说，我们希望可以帮助个体在自然方面取得卓有成效的发展；从社会学方面来说，我们希望可以帮助个体更好地适应周围环境。正是因为社会学的出现，技术教育有了生存之地，因为它教会了个体怎样利用周围的环境。从生物学和社会学这两方面来看，对感觉的教育都很重要。孩子的智力活动先发展，感觉活动后发展，3～7岁这段时间内，正处于感觉的形成时期。

所以，我们要在这一时期内帮助儿童的感觉更好地发展，就像在语言完全发展好之前，进行一些辅助措施一样。

当然，所有关于小孩子的教育，必须遵循这样一条原则：帮助孩子心智和身体的全面发展。

智力和感觉相互交织，但孩子的年龄不同，会在某个阶段占优势。在3～7岁这一阶段，孩子正处于身体的迅速成长时期，儿童在这个时期的感觉有很大的发展，会对周围的事物产生好奇心，在好奇心的驱使下，开始更加关注周围的环境。

对儿童来说，各种刺激以及各种事物都具有强大的吸引力。因此，在这个时期，我们应当有意识地指导儿童的感觉刺激。应该通过这样一种方式来帮助儿童发展感觉，在这种方式中，他们所体验的各式各样的感觉可以沿着一条理性的道路来发展。这种感觉训练能够提供一个有序的基础，在这个基础之上，儿童可以发展他的心智。

另外，感觉教育还可以发现和纠正在旧式学校中无法观察到的缺陷。如果儿童无法利用自身的感觉，表现出自身缺陷（比如失聪和近视）时，我们就应该充分加以利用。所以，这种教育属于生理性的，它的目的就是智力教育，使器官的感觉、神经的反应联系得更加完美。

但是教育的其他部分——使个体适应环境，仅仅是间接地涉及了。我们只能利用我们的方法使孩子掌握时代的特性。

人类是自然界中最卓越的环境观察者，因为人类必须尽最大可能利用环境中丰富的资源。实证科学以观察为基础，而实证科学的发现和应用同样也遵循着这样的标准。也就是说，通过观察，实证了科学的发现和应用，而且正是这种发现和应用，在过去1个世纪里极大地改变了我们的生存环境。所以，我们必须对下一代人进行观察训练，这对我们现代文明的发展非常重要。

我们知道，伦琴通过观察，发现了射线，今天我们称为“伦琴射线”。

通过同样的方式，人类相继发现了赫兹波动、元素镭、马可尼电报等。纵观历史，从古至今从来没有任何时期像现在这样，从实证研究当中得到如此巨大的财富。与此同时，这个新世纪同样给予了我们深刻的哲学和精神性问题的启示，有关物质的理论引出了许多有趣的形而上的概念。可以这样说，进行观察方法练习的过程中，我们走在精神发现的道路上。

正是对感觉的训练，人类成为自然界中最优秀的观察者，这种训练不但可以帮助我们完成一般性的工作，使人们适应时代文明的发展，而且使人类能够面对现实的生活，面对文明与环境之间产生的矛盾和解决的方法。我认为，到目前为止，对于实际生活中什么是必要的，存在着一种错误的认识。比如，教育的方法通常是先进行智力教学，接着让孩子学习道德准则。当我们进行教学时，我们所讲的都是自己感兴趣的内容，而忽略了孩子是否也感兴趣。

当我们要求学者去实现他们著作中的某些目标时，尽管他们可以理解书中所讲的内容，但是在执行的时候，却出现重重的困难，就好像是一个可望而不可即的空中楼阁，这是因为我们遗漏了教育中最重要的一个因素，这个因素就是感觉。我可以举例来说明这一点。比如，我们让厨师只买“新鲜的鱼”，他可以理解这个概念，并且在买鱼的过程中，也遵循着这一原则。如果这位厨师没有受过训练，无法通过视觉或味觉来判断鱼的新鲜程度，那他就不知道如何按照要求行事了。

这种训练的缺乏，更能够在烹饪过程中体现出来。一位厨师可能接受过书本上的教育，清楚书中建议的各种配方和烹调时间的长度，还能够把菜品精心摆放出非常漂亮的造型。但是，当碰到需要用味觉、视觉来判断烹调的最佳程度时，当碰到究竟什么时候需要放调料时，如果他的感觉没有经过训练，极有可能会发生错误。

只有通过长时间的感觉实践，厨师才可以获得这种能力。而这种在烹饪上的实践，恰恰就是感觉训练，但这种训练对成人来说非常困难。这也正是想要找到一名好厨师非常之难的一个原因。

关于味觉和嗅觉的训练最为困难，到目前为止还没有令人满意的结果。我只能这样说，心理测量学中常用的方法对于幼儿并不具有实用性。

儿童在成长发育过程中，如果嗅觉没有很好地发展，希望利用这种感觉来吸引孩子的注意力变得十分困难。我们曾使用过一种方法，不过这种方法并没有经过多次的重复演练，还不足以成为某种方法论的基础。

首先，我们让孩子闻鲜花的味道，比如紫罗兰和茉莉花等。然后，用一块布蒙上孩子的眼睛，告诉孩子："现在，我们要给你一些鲜花。"这时，一个小朋友把一束紫罗兰放到他的鼻子下面，让他猜是什么花。为了区分香气的浓郁程度，我们这样做的时候，只用比较少的花，有时甚至仅是一朵花。

对于这种感觉训练，几乎和味觉训练一样，只有在午餐时间才能进行，因为那个时候，孩子能够学会辨别许多气味。

花朵真香

认识各种鲜花

难度指数

★☆☆☆☆

游戏目的

激发孩子的嗅觉能力

游戏准备

不同种类、带香味的鲜花3～5束

游戏步骤

1.将准备好的鲜花分别让孩子闻一闻，并告诉他这些鲜花的名字。

2. 将孩子的眼睛蒙起来，在他面前放1束鲜花，让他通过嗅觉来猜这束鲜花是什么花。

3. 从每束鲜花中抽出1朵，让孩子闻一闻，然后按照香味的浓郁程度给鲜花排序。

游戏小贴士

◆ 如果孩子对花粉或花香过敏，就不要让孩子做这个游戏了，以免影响身体健康。

◆ 如果没有鲜花，父母也可以制作一些纸花，然后在纸花上喷上不同的气味，再来玩这个游戏。

游戏拓展

带孩子到植物园，让他去闻玫瑰、兰花、百合、茉莉、桂花、栀子花的味道，让他挑出一种他最喜欢的花。然后根据鲜花上的标识牌，跟孩子一起学习有关这种植物的知识，记录在下方表格里。

植 物	特 征
玫 瑰	
兰 花	
百 合	
茉 莉	
桂 花	
栀子花	

食物香喷喷

记住各种食物的气味

难度指数

★☆☆☆☆

游戏目的

通过嗅觉认识各种食物

游戏准备

面包1块

米饭1碗

剥了壳的煮鸡蛋1个

巧克力1块

果酱1瓶

纱巾1条

游戏步骤

1. 将面包放在孩子面前，让他用鼻子闻一闻，并对他说："这是面包，面包好香啊！"

2. 用同样的方法，让孩子逐个闻一闻准备的食物，并告诉他这些食物分别叫什么名字。

3. 将孩子的眼睛蒙起来，拿起一种食物放在他面前，让他闻一闻，同时向他提问："这是什么？它有什么气味？"

4. 给孩子留有足够的时间来猜，直到他将这些食物全部猜出为止，并对孩子的表现进行鼓励。

游戏小贴士

◆ 这个游戏非常适合在吃饭的时候进行。需要注意的是，在做游戏之前，要提醒孩子先洗手。

◆ 可以根据孩子的表现来增加食物数量，逐步提升游戏难度，扩大孩子的认知范围。还可以让孩子尝试说一说每种食物的特点。

水果闻一闻

学会辨认水果

难度指数

★★☆☆☆

游戏目的

提高嗅觉灵敏度，学会辨认水果

游戏准备

纱巾1条

苹果1个

橘子1个

菠萝1个

香蕉1个

水果认知卡（可与上述水果相配套）1套

游戏步骤

1. 将准备好的水果外表清理干净，一方面保证卫生；另一方面去除水果表皮上混杂的异味，以保证孩子在游戏中不受其他气味的干扰。

2. 将水果认知卡和洗好的水果一起摆到桌子上。

3. 让孩子闻一闻这些水果，并将水果的名称告诉他，然后让他从众多认知卡中找出正确的卡片与这些水果配成对。

4. 将孩子的眼睛蒙起来，然后给他一种水果，让他闻一闻、猜一猜。

5. 当孩子将全部的水果猜出来后，摘下纱巾，让他再次从认知卡中找出对应的卡片。

游戏小贴士

◆ 这个游戏还可以和味觉联系起来，让孩子通过品尝味道来认识各种水果。

◆ 做完游戏后，可以让孩子将水果分给家庭成员，这样还能让他学会分享。

调料嗅一嗅

辨认不同的调味品

难度指数

★★★☆☆

游戏目的

提高孩子的嗅觉灵敏度

游戏准备

相同大小的带盖小瓶4个

酱油适量

醋适量

料酒适量

香油适量

游戏步骤

1. 将准备好的小瓶清洗干净。
2. 在每个小瓶中分别倒入酱油、醋、料酒、香油。
3. 将瓶盖打开，让孩子逐个闻一闻，并告诉他这些调料分别是什么。
4. 当孩子闻完这些调料后，将所有的调料瓶盖好，打乱顺序，然后让孩子依次闻，并说出它们的名称。
5. 当孩子顺利完成任务后，可以适当增加调料数量，提升难度。

游戏小贴士

◆ 如果没有相同的小瓶，在让孩子猜测调料的时候，要将他的眼睛蒙起来。

◆ 这个游戏适合在吃饭前玩儿。在吃饭的时候，还可以让孩子根据饭菜的香味，猜测用到了刚才游戏中的哪些调料。

游戏拓展

下列食物或调料的味道是怎样的呢？把它们跟对应的味道（酸、甜、苦、辣）连上线吧！

闻闻垃圾桶

认识腐坏的食物

难度指数

★★★☆☆

游戏目的

提高嗅觉判断力，认识腐坏的食物

游戏准备

垃圾桶1个

腐坏的苹果1个

新鲜苹果1个

腐坏的剩菜1盘

新做的菜1盘

游戏步骤

1. 让孩子闻一闻腐坏的苹果和剩菜，再闻一闻新鲜苹果和新做的菜，并告诉他哪些食物不能吃、哪些食物可以吃。通常情况下，孩子会对腐坏的气味表示出厌恶。

2. 让孩子将腐坏的食物放入垃圾桶，同时告诉他垃圾桶是用来盛放垃圾的，很脏，里面的食物不能吃。

3. 让孩子闻一闻垃圾桶的气味，记住垃圾桶的作用。

游戏小贴士

◆ 这个游戏比较随意，不用刻意制造腐坏的食物，当家里偶然出现变质的食物时，就可以和孩子做这个游戏。

◆ 做完游戏后一定要记得和孩子一起洗手，让孩子形成讲卫生的意识。

干爽的衣服

熟悉干净的“香味”

难度指数

★★★☆☆

游戏目的

将嗅觉和触觉结合在一起，一方面培养嗅觉能力，指导孩子辨认衣服的脏与净；另一方面通过触摸训练，让孩子学会辨认各种衣服

游戏准备

干净衣服3件

脏衣服3件

游戏步骤

1. 让孩子闻一闻干净的衣服，告诉他这些衣服是干净的，有干净的“味道”。

2. 让孩子闻一闻脏衣服，告诉他这些衣服是脏的，有脏脏的“味道”。

3. 让孩子用双手摸一摸衣服的形状，并将这些衣服的名字告诉他，例如“这是上衣”“这是裤子”等。

4. 问问孩子，哪件是他的衣服，哪件是爸爸的衣服，哪件是妈妈的衣服。

游戏小贴士

◆ 玩游戏的时候，父母可以选择孩子平时穿的衣服。这样有助于孩子认识各种衣服。

◆ 除了用衣服来做游戏，父母还可以准备一些毛巾、袜子等常见的物

品，扩展孩子的认识范围。

游戏拓展

将孩子的眼睛用纱巾轻轻蒙起来，让他随便抓取一件衣服，闻一闻，说出这是什么衣服，是干净的还是脏的。全部说完后，把纱巾拿掉，让孩子看看自己选的是否正确。同时，向他展示干净衣服上面没有污渍，很漂亮；脏衣服上面可能有很多污渍，如泥点、食物的汤汁等，很不好看。告诉他要做个爱干净的小朋友！

洗干净游戏

分辨清洁用品

难度指数

★★★☆☆

游戏目的

提高嗅觉分辨力，学会分辨清洁用品，同时养成爱洗澡的好习惯

游戏准备

香皂1块

沐浴液1瓶

洗发水1瓶

浴盆1个

温水适量

游戏步骤

1. 在浴盆中放入温水，水温在38℃~40℃即可。

2. 把孩子的衣服脱掉，让他进入浴盆洗澡。

3. 让孩子逐个闻一闻香皂、沐浴液、洗发水这些清洁用品的气味，然后告诉他这些用品的名称。

4. 用香皂给孩子洗手，同时告诉他："香皂可以把小手洗干净。"然后用洗发水给孩子洗头，告诉他："洗发水可以把头发洗干净。"最后用沐浴液清洗孩子的全身，告诉他："沐浴液可以把身体洗干净。"

5. 用温水将孩子的全身冲洗干净。

游戏小贴士

◆ 这个游戏非常适合在洗澡的时候做，在给孩子使用这些清洁用品的同时，提高他的嗅觉分辨力，并让他了解每种用品的功能。

◆ 在给孩子清洗的时候要注意，不要将泡沫溅到孩子的眼睛、鼻子、耳朵、嘴巴等地方，以免造成不适。

深呼吸

嗅出大自然的气味

难度指数

★★★☆☆

游戏目的

扩大嗅觉感知范围，认识生命

游戏准备

在晴朗的天气，带孩子来到环境优美、植物种类丰富的地方

游戏步骤

1. 选择一个花草茂盛的公园，在白天温度适宜时带孩子前往。
2. 让孩子分别闻一闻小草、鲜花、树叶的味道，让他认识这些植物。
3. 选择一株开花的植物，让孩子闻一闻这株植物的枝干、树叶、花朵，分别说一说它们有什么气味。
4. 让孩子闭上眼睛深呼吸，感受周围的气味。

游戏小贴士

◆公园、郊外等植被丰富的地方都可以进行这个游戏，需要注意的是，这些地方要安全、安静，这样有助于孩子集中注意力。

◆春天万物复苏的时候或是雨过天晴之后，都非常适合带孩子到户外做这个游戏。

◆做游戏的时候，不要采摘鲜花、攀折树木，要让孩子形成爱护大自然的意识。

游戏拓展

看到图片里的物品，想一想它们的味道，圈出每组中气味与众不同的物品。

清透的液体

找出真正的清水

难度指数

★★★★☆

游戏目的

提高嗅觉的判断力

游戏准备

透明玻璃杯3个

硬纸板1块

凉水适量

雪碧适量

白醋适量

游戏步骤

1. 用硬纸板做3个水杯盖，并扎几个小孔。

2. 在3个玻璃杯中分别倒入少量凉水、雪碧、白醋。

3. 先让孩子闻闻盛有雪碧、白醋的容器，让他认识这些清透的液体，再让孩子闻闻凉水的“味道”。

4. 将扎有小孔的硬纸板盖到杯子上，让孩子透过小孔逐个闻闻这些液体，找出哪一杯是凉水，同时说出其他液体的名字。

5. 将水杯中的液体倒掉，然后让孩子闻闻空杯，看他是否能找出盛放凉水的杯子，并说出其他两个杯子分别装过什么液体。

游戏小贴士

◆做这个游戏时，最好选择同样的杯子，这样可以让孩子将注意力集中在嗅觉上，充分发挥嗅觉的作用。

交换香味

提高嗅觉灵敏度

难度指数

★★★★★

游戏目的

提高嗅觉灵敏度

游戏准备

手绢（棉布）5块

棉花球5个

花露水适量

香水适量

果汁适量

香皂水适量

清水适量

游戏步骤

1. 在手绢上分别喷好5种气味不同的液体，然后在棉花球上分别滴上这些液体。

2. 将手绢交给孩子，让他闻一闻5块手绢的味道。这时，递给孩子1个棉花球，并对他说："我们来交换这个香味。"然后让孩子闻一闻棉花球，将气味相同的手绢交给父母。

3. 用同样的方法和孩子交换其他香味。当孩子准确完成任务后，将所有的手绢和棉花球混在一起，让孩子闭上眼睛，将它们一一配对。

游戏小贴士

◆ 根据孩子的表现，父母可以适当增加一些气味，提高游戏难度。也可以将手帕和棉花球稍微晾一晾，再让孩子闻。细微的气味更有助于提高孩子的嗅觉灵敏度。

PART 05

嘴巴

品尝世界的味道

MONTESSORI
EARLY EDUCATION
GAMES IN FAMILY

听一听
蒙台梭利怎么说

我们说一个孩子聪颖，不仅是指他能对事物进行理解，而且还要能作出迅速的理解。学习同样的东西，如果一个人比别人花更多的时间，那他的反应就是比较迟钝的。

这类“反应敏捷”的孩子的特点：

第一，注意力总是非常集中，时刻准备着接受各种刺激。就像高度灵敏的天平对轻微的重量变化也会有所反应一样，聪慧敏感的大脑也能对那些具有细微吸引力的东西做出反应。

第二，联想产生得十分迅速。我们形容他们这方面的能力时，常常会说“他一眨眼就明白了”。

孩子们的主要活动都可以通过感官练习得到激发和加强。我们可以让孩子的感官跟刺激物进行适当的分离，从而让他们的意识获得清晰的知觉；我们可以让他们敏锐地感觉到冷与热、粗糙与光滑、重与轻、正常的声音与噪声的差异；我们可以让他们在安静宁谧的环境中闭上双眼，等待一种细微纯净的声音发出召唤……

所有这些练习的目的，就是让孩子感觉到外部世界仿佛在敲打他们的心门，唤醒他们的精神活动。根据我们的经验，当各种感觉跟环境融合在一起时，它们就能产生协调的相互作用，同时加强已经被唤醒的活动。比如，当一个孩子正在全神贯注地给图案上颜色时，如果有音乐相伴，他会选择最美丽的色彩来着色。当一个孩子身处优美的校园之中，被令他心旷神怡的鲜花环绕时，他会放开最美妙的歌喉，唱出动人的旋律。

孩子在训练中不停地探索世界，获得了独特的印象和深刻的体验，并在这一过程中感受到极大的乐趣。他们将原本看起来杂乱无章的世界按照自己的认知进行分类，使之变得有条理、有章法。在此过程中，他们一刻不停地汲取着知识。

通过这些练习，孩子们完全理解了许多词语，例如大小、厚薄、长短、深浅、轻重、冷热等，还有许多几何图形的名称和各种颜色的名称。孩子需要经过长时间的练习才能完全掌握和理解这些名词，他们需要特别关注物体之间的差别，并通过比较、分析形成自己的判断，最终获得辨别物体差别的能力。也就是说，孩子"提炼"了自己的体验和感受，他们对事物的观察和理解是清晰、彻底的，他们改善和提升了自己。

在对孩子进行感觉教育时，我们应当遵循下面的要求：

第一，在与名称有关的教学中，必须包含能够使名称和事物之间产生联想的内容。这样做的好处是，当儿童的头脑在接受这些名称时，物体和名称就结合在一起。这就要求教师除了名称之外不能够牵扯到其他词汇，否则儿童就会产生混淆，不知道到底是哪个词汇与物体相对应。

第二，教师必须进行一些相关的小测验，从而保证她所预期的教学目标得到很好的实现。这样的小测验要有很强的针对性，一定要限定于名称课程所引起的注意力范围之内。

做这种小测验的目的，是测试名称和物体是否在孩子们的头脑中保持联系。这要求教师事先考虑到孩子对物体和名称所产生的遗忘时间，要让测试和课程之间有一个安静而短暂的间隔。过一段时间后，教师再清楚而缓慢地说出她所教过的名称或形容词，她可以这样问孩子：“哪一个是光滑的？哪一个是粗糙的？”也就是我们所说的，回头温习一遍，以加强孩子的记忆。

孩子们听到后，会用手指着物体说出他的答案，教师就能知道物体和名称是否在孩子大脑中建立起联系。如果孩子回答错了，教师不要急于纠正，应该暂停课程，过些天再继续教孩子进行物体与名称的练习。为什么不当时纠正呢？这是因为孩子们在建立名称和物体的联系失败后，唯一能够继续的方式就是重复课程。但是，作为教师应该明白，当孩子建立联系失败时，说明那个时候他正好不在状态，不适合去建立起我们所希望他能够做到的那种心理联系。因此，我们必须选择另外的时间，对孩子进行重新建立。

如果一定要纠正的话，千万不要用斥责的方式说“不对，你错了”之类的话，这类话会伤害孩子的自尊心，打击孩子的积极性。这种斥责会长时间保留在孩子的头脑中，同时也会产生条件反射，只要一听到物体和名称，他们就会产生逃避心理，这就严重阻碍了孩子的学习。相反，孩子发生识别错误后，教师应该首先让孩子保持安静，不对孩子的正确与否进行点评，这样就能够使孩子的意识保持清晰，以保证其他的课程能够继续下去。事实上，指出孩子的错误需要艺术性，教师直接说出孩子的错误，会导致孩子在记忆过程中进行大量无效的努力，从而使孩子对自己产生不信任，降低学习的积极性。教师正确的做法是，尽最大可能去避免孩子无用的努力和压抑。

第三，如果孩子们未犯错误，教师可以激发他们与物体的观念相对应的神经活动，让他们说出名称或形容词。教师可以这样问：“这是怎样的？”孩子们回答：“光滑的。”这时教师可以打断他们，教他们怎样清晰、正确地发音。首先，让孩子深吸一口气，接着大声说出“光滑的”。当孩子按照老师的方法做时，教师需要指出孩子发音是否正确，哪里有缺陷，或指出他所习惯的某种特殊的婴儿口音错误。

在进行关于味觉的训练时，可以使用不同味道的溶液，比如苦、酸、甜、咸等，让舌头去接触这些溶液，这个办法非常可行。4岁的孩子很愿意参与这样的游戏，这或多或少可以解释为他们喜欢漱口——孩子们喜欢识别各种味道，而在每次测验以后，他们学会了用一杯温水仔细漱口。从这个角度而言，对味觉的训练也是讲卫生的训练。

小牙咬咬

了解什么东西可以吃

难度指数

★☆☆☆☆

游戏目的

激发孩子的味觉，了解什么东西可以吃

游戏准备

蛋糕1块

香蕉1根

番茄1个

毛巾1条

笔1支

游戏步骤

1. 将蛋糕切小块；香蕉剥皮，切成小块；番茄洗净，切成小块；毛巾、笔彻底杀菌。
2. 让孩子分别咬一咬这些物品，亲自感受一下各种物品的“口感”，并告诉他每种物品的名称，以及哪些可以吃，哪些不可以吃。
3. 将这些物品放在一起，向孩子提问：“哪个可以吃呢？”然后让孩子挑选。
4. 反复练习，直到孩子可以作出正确选择为止。

游戏小贴士

- 起初，孩子可能对食物还没有清晰的认识，容易犯错，父母要给孩子留出足够的时间来练习，要有耐心。

◆ 做游戏时，选择的物品一定要处理干净。此外，不要选择汤匙、筷子等比较硬的餐具让孩子咬，以防孩子牙齿受伤。

游戏拓展

把图中可以吃到肚子里的东西圈出来吧！

吃饭啦

感受食物的冷与热

难度指数

★★☆☆☆

游戏目的

测量孩子的味觉敏感度，感受食物的冷与热

游戏准备

温热的米饭1 碗

热粥（温度适宜食用）1碗

凉拌菜1盘

汤匙1把

游戏步骤

1. 先让孩子用手摸一摸盛放食物的餐具，让他指出哪个是热的、哪个是凉的、哪个是温的。注意不要被烫伤。

2. 用汤匙分别盛取各种食物，让孩子尝一尝，并指出它们的温度。同时告诉孩子，这些都是什么食物。

3. 让孩子闭上眼睛，用汤匙盛取食物，让他品尝，然后让他说出食物的名字。

游戏小贴士

◆这个游戏非常适合在吃饭的时候做，饭前记得让孩子洗手。

◆做完游戏后，将凉的食物稍微加热一下，确保食物都达到适宜的温度后再给孩子食用。

尝尝食物

体会食物的软和硬

难度指数

★★☆☆☆

游戏目的

丰富孩子的饮食，让孩子体会食物的软和硬

游戏准备

面包1片

饼干1块

黄瓜1根

面条1碗

奇异果1个

游戏步骤

1. 将黄瓜清洗干净，切成小块；奇异果洗净后去皮，切成小丁。

2. 让孩子逐一尝尝这些食物，并向他提问：“哪种食物是软软的？哪种食物是硬硬的？”

3. 让孩子闭上眼睛，给他一种食物，让他尝一尝，并猜测食物的名称。让孩子将所有的食物逐一品尝完毕，并说出正确的名字。

游戏小贴士

◆当孩子做完游戏后，可以让他将这些食物分给家里的人吃，让他学习分享。

◆适当增加食物的种类，让孩子认识各种各样的食物。

游戏拓展

圈出图中咬上去硬硬的食物。

不一样的果

区分坚果和水果

难度指数

★★☆☆☆

游戏目的

训练味觉判断力

游戏准备

大盘子2个

小盘子2个

叉子2把

苹果1个

梨1个

草莓10颗

西瓜1/4个

栗子少许

花生少许

核桃少许

开心果少许

游戏步骤

1. 将准备好的苹果、梨、草莓、西瓜洗净，切成适合孩子吃的小块放在一个大盘子里。

2. 将准备好的栗子、花生、核桃、开心果去壳，放在另一个大盘子中。

3. 将小盘子和叉子给自己和孩子分好，和他一起品尝水果盘子中的食物。在品尝的时候，对孩子说："这块是甜的，有好多水分，是水果。"然后让孩子将同样的水果挑出来，放在小盘子中。用这一方法学认其他水果。

4. 用同样的方法分辨每种坚果。将所有的食物分好类后，教孩子认识这些食物。

游戏小贴士

◆ 有的水果带籽，如西瓜等，要提前将籽清理干净，以防孩子误食。

◆ 在做这个游戏的时候，还可以加入嗅觉训练，同时训练孩子的嗅觉和味觉。

游戏拓展

圈出吃起来酸酸甜甜的食物。

哪杯最好喝

分辨酸甜苦辣咸

难度指数

★★★☆☆

游戏目的

让孩子学会分辨各种味道，并养成漱口的习惯

游戏准备

大小一致的玻璃杯5个

大蒜1头

苦瓜1根

盐适量

白糖适量

醋适量

游戏步骤

1. 将大蒜和苦瓜分别榨成汁或捣碎，盛入玻璃杯中，用温水调成浓度适中的汁液。盐、白糖加水调成液体。醋加水稀释。

2. 将5个玻璃杯并排放在桌子上，告诉孩子它们依次是醋水、白糖水、苦瓜汁、大蒜汁和盐水，它们的味道分别是酸、甜、苦、辣、咸。

3. 让孩子用舌头分别接触不同的液体，并说出它们的名字和味道。

4. 调换一下玻璃杯的位置，然后再让孩子品尝，请他说出液体的名字和味道。最后，要记得让孩子用温水仔细漱口。

游戏小贴士

- 每种液体的浓度都要适中，以免浓度太高刺激孩子的味觉。
- 游戏结束后，问一问孩子喜欢哪种味道。

果汁什么味

说出饮品的名称

难度指数

★★★☆☆

游戏目的

提高味觉辨别力，同时训练视觉、嗅觉

游戏准备

杯子3个

橙汁适量

奇异果汁适量

石榴汁适量

游戏步骤

1. 将杯子洗净，分别在杯子里倒入橙汁、奇异果汁、石榴汁。

2. 先让孩子看一看这些饮品，说出它们是什么颜色。然后让孩子闻一闻，感受这些饮品的气味。

3. 让孩子小口尝一尝，并告诉他这些饮品的名称。

4. 将孩子的眼睛蒙起来，然后给他 1 支吸管，让他品尝某杯饮品，猜测这是什么果汁，是用什么水果做出来的。

游戏小贴士

◆ 这个游戏适合在吃早饭的时候进行，也可以选择孩子口渴的时候进行。父母可以适当增加饮品数量，让孩子获得不同的味觉体验。

◆ 游戏结束后，可以让孩子挑选一种饮品喝掉，然后将其他饮品分享给家人。

游戏拓展

将牛奶和米汤分别倒入2个小碗中，分别用不同的汤匙盛着这2种液体让孩子尝，告诉孩子尝的是什么。让孩子闭上眼睛，再分别尝这2种液体，感受它们的味道。

饮品大配对

提高味觉精准度

难度指数

★★★☆☆

游戏目的

加强味觉训练，提高味觉精准度

游戏准备

纱巾1条

杯子6个

吸管1根

橙汁适量

葡萄汁适量

苏打水适量

游戏步骤

1. 在6个杯子中分别倒入3种不同的饮品，每种饮品倒2杯。

2. 将孩子的眼睛轻轻蒙起来，让他用吸管逐一品尝这些饮品，根据不同的味道来给饮品配对。

3. 当孩子将这些饮品尝完后，摘掉蒙着眼睛的纱巾，让他一边观察这些饮品，一边说一说它们的气味和味道，训练孩子的视觉和嗅觉感官能力，同时巩固孩子的认知。

游戏小贴士

◆ 给孩子准备1杯清水，让他每次尝完1种饮品后漱一漱口，这样可以让味觉判断更准确。

盲人进食

尝出正确的食物

难度指数

★★★★☆

游戏目的

同时强化味觉和嗅觉功能

游戏准备

纱巾1条	面包1片
米饭1碗	番茄1个
牛奶1/2杯	苹果1个

游戏步骤

1. 将孩子的眼睛轻轻蒙起来，然后把他带到桌前坐好。

2. 将1碗米饭放在孩子面前，先让他用鼻子闻一闻，然后请他猜出食物的名称。

3. 盛取少量米饭让孩子品尝，然后请他猜出名称，并说出米饭是什么味道。

4. 把牛奶、面包、番茄、苹果依次放在孩子面前，让他通过嗅觉来猜测食物名称，并说出这些食物的气味特点。

5. 让孩子通过品尝依次猜出这些食物的名称，并说出每种食物的味觉特点。

游戏小贴士

◆ 这个游戏适合3岁及以上的孩子来做，孩子必须对常见的食物具备一定的认知能力。此外，父母还应该有意识地引导孩子进行准确的语言表达。

◆ 游戏结束后，让孩子尝试搭配食物，例如牛奶搭配面包，训练孩子的生活技能。

游戏拓展

一家人去郊外野餐，除了毯子上的水果，还应该有些什么食物呢？请你把它们画出来。

美食鉴赏家

训练味觉鉴别力

难度指数

★★★★★

游戏目的

训练味觉鉴别力，并学会保持清洁

游戏准备

盘子1个

面包2片

苹果1个

煮鸡蛋1个

花生酱适量

番茄酱适量

食物认知卡（与上述食物对应）1套

游戏步骤

1. 用番茄酱在面包片上画一个圈，让孩子在圆圈的中间位置抹一些花生酱。

2. 将苹果洗净，去皮后切成小丁，均匀地撒在面包片上；鸡蛋切成片，盖在苹果丁上。

3. 再取1片面包片，盖在之前那片上，然后将做好的面包切成大小适中的三角，装在盘子里。

4. 让孩子拿起面包品尝，请他说一说尝到了什么味道，并尝试猜出夹在面包中的食物。

5. 拿出准备好的认知卡，让孩子根据自己的味觉判断，从卡中找出正确的食物图片。

游戏小贴士

◆ 在做游戏前，要让孩子将手洗干净。在游戏过程中，提醒孩子保持桌面和衣服的整洁。做完游戏后，可以让孩子帮忙一起收拾餐具。

◆ 在这个游戏中，面包片起到了隔绝视线的作用。因此，在做游戏的时候，不要让孩子掀开面包片看里面的食物，否则就达不到味觉训练的效果了。